JN410265

만인시인선 · 30

오리 시집

오리 시집

만인사

| 책 머리에 |

오리들이 물에서 시를 놀고 있네

이 하 석

오리들이 모여서 뭘 하며 놀았는지, 돌아본다. 별로 시끄럽진 않았던 듯하다. 몇 마리가 모여 놀았는데, 시간이 지남에 따라 머릿수가 슬금슬금 늘었다. 지금 세어보니 스물 네 마리나 된다. 처음 몇 마리가 모였을 땐 소리 별로 안 나게 시끄러웠다. 언제든 쉬 모이고 잘 돌아다녔다. 열 명이 넘고 스무 명이 넘어가니, 어느덧 많은 입들 떠들썩한 소리가 담 밖으로 새어나가는 걸 듣는 이가 생기는 듯 하고, 그걸 우려했음인지 더욱더 크게 소리내지 않게 되었다. 사람이 많으니 놀고지비도 있지만, 가고지비도 있게 마련이어서 한 달에 한 번 씩 만나면 조근조근 노닥거리다가 재빨리 뿔뿔히 흩어져 집으로 돌아가버리는 경우도 잦아졌다. 더러 삼삼오오 이리저리 다니는 순례행각은 여전하지만 말이다. 오리들이 모여서 노니, 물가에서 손가락질하는 이도 생기고, 누군가는 돌을 던지기도 해서 아이쿠 이게 웬 일이냐는 듯 점잖은 척 헤엄

치며 사람들 안 보이는 구석으로 미끄러져 들기도 했다.

오리들의 모임은 울타리가 없다. 회장도 없고 회비도 없애버렸다. 그렇다고 해서 그 경계가 분명치 않은 건 아니다. 끈끈한 정의 점액으로 경계표시를 해왔다.

오리라는 말은 가벼워서 좋다. 동동 떠서 잘 돌아다니는 소리 아닌가. 그 말을 하는 이의 마음을 동동 뜨게 한다. 오리란 가는 게 아니라 오는 것이고, 십리의 반이며, 수면에 노니는 오리를 지칭하기도 한다. 오는 것도 좋고, 십리의 반도 좋지만, 물에 뜨는 오리의 그 유연한 유영이 좋다. 보이지 않는 물 아래 발길질도 만만치 않다.

기실 오리들 모두 만만치 않다. 그러니 오리들이 모인 곳에서는 조심해야 한다. 괜히 허세를 부리거나 아는 척하다가는 이내 핀잔을 당하기 일쑤다. 그래서 이 모임에선 누구든 글 쓰는 흉내를 내거나 글 씁네하고 허장성세를 드러내는 일이 없다. 글은 당연히 쓰는 것이고, 언제나 치열하게 민감하게 쓰는 것이다. 그 일만은 게을리할 수 없다. 우리의 만남이 그렇게 하게 만든다. 그런 분위기를 유지한다는 게 참 희안한 일이 아니고 뭔가? 우리가 주고 받는 말과 몸짓들이 우리가 몸담고 있는 현실과 밀착되어 나타나고, 진정성을 띠는 것으로 교신이 이루어지는 것이니 그게 얼마나 참한 일인가? 그런 태도가 지속되는 한 오리들의 모임은 늘 신선하고 매혹적이다.

오리들 서로 서로가 눈이 부시다.

스무 해를 함께 보낸 흔적을 이렇게 담는다. 우리는 물에 그냥 떠 다니지 않았다. 놀고 먹지 않았다. 그걸 이 앤솔로지는 보여주리라. 아름다운 만남이 치열한 접전이기도 해 서로 끌어당기고 치켜올리는 일임을 우리는 의심하지 않는다. 그렇게 부딪치며 융화되고 서로에게 순치되어왔고 되어갈 것이다. 이 앤솔로지가 담은 건 그런 전망을 담은 각자의 붉은 각인들이다.

차 례

차 례

차 례

차 례

차 례

1

| 김선굉 편 |

너는 붉게 흐른다

너는 나를 향해, 내 몸을 향해, 내 가슴을 향해, 내 가슴 속을 향해, 그 속의 살을 향해, 속의 살을 지나 붉은 심장을 향해, 심장 속의 심연을 향해, 강한 비바람으로 와서, 젖은 회오리로 와서, 화약 냄새 뒤섞인 폭우로 와서, 순식간에 나를 적시고, 젖은 몸 속을 뜨거운 불의 걸음으로 뚜벅 걸어들어와, 뇌관처럼 위태롭게 헝클어진 핏줄을 밟고 마구 지나가면서, 희고 붉게 솟구치는 섬광과도 같은, 무수한 꽃송이 폭죽처럼 터트리면서, 비에 젖는, 회오리에 감기는 이 어질머리, 도수 높은 술 같은, 독약 같은, 내 몸 위로, 내 몸 속으로, 거센 폭우로 둥둥 북치며 내려 나를 적시며, 불의 물너울로 붉게 흐르고 있는 너는.

콘트라베이스

파트리크 쥐스킨트, 아시지요? 『좀머 씨 이야기』를 쓴 표정이 좀 멍청한 작가 말입니다. 나는 지금 그의 또 다른 산문 「콘트라베이스」를 읽고 있습니다. 이건 모노 드라마를 위한 쓸쓸한 대본인데요. 콘트라베이스, 가장 덩치가 큰 현악기, 가장 미세한 소리를 내는 그 악기를 문득 보고 싶습니다. 툭, 건드려보고 싶고, 현에 활을 한 번 대보고 싶고, 속이 텅 빈 그 놈의 몸을 한 번 안아보고 싶은 것입니다. 이 글의 앞 부분을 읽어 나가다가 브라암스의 「교향곡 2번」을 사야겠다고 생각했습니다. 그걸 테이프로 사서 차 안에서, 내 차는 94년식 엘란트랍니다만, 차 안에서 듣고 싶은 것입니다. 나는 요즘 모리스 라벨과 바그너, 그리고 베토벤 순으로 음악을 듣고 있습니다만, 로큰롤이 몸을 도약시키는 것, 아시지요? 라벨은, 특히 「볼레로」가 그러한데요, 내 마음을 강물로 흘러가게 합니다. 점점 높게, 그러니까 크리센도로 마음의 한 끝을 주욱 끌어올리는데, 그때 그 부력으로 몸이 붕 떠오르는 것입니다. 나는 브라암스의 「교향곡 2번」, 그 베이스의 낮게 흔들리는 저음에 몸을 기대려 합니다. 음, 음, 음악은 비껴가려고 했습니다만, 쥐뿔도 모르면서, 음악의 그물코에 조금씩 체중이 불어나는 몸을 맡겨도 되겠다는 생각인데요. 참, 바그너도 몸을 도약시킵니다. 붕붕 떠오르는, 떠올라서는 겨울 쪽으로 흘러가는, 오늘은 가을의, 비에 젖는 시월의 저물 무렵입니다. 콘트라베이스, 그 저음의, 몸집이 큰, 소리 없는 소리를 부둥켜안고서…….

술 한 잔에 시 한 수로

방랑 같은 걸 꿈꿀 수 없는 시절을 산다. 밀란 쿤데라 식의 느림은 얼마나 사치인가. 나는 신천대로가 끝나는 팔달교 부근이 꽉 막히기를 기대하면서 차를 몬다. 차가 금호강 느린 흐름보다 더 느리게 움직일 때, 나는 비로소 강을 굽어본다. 중금속으로 이제 얼음이 얼지 않는 강. 그 위를 걷는 겨울새의 처연함 같은 거. 거기 노을이라도 비칠라치면, 물결은 어린아이처럼 몸을 움직여 금빛으로 반짝이는 것이다. 차는 느리게 움직이다 한참을 멈추어 선다. 버튼을 눌러 신중현의 새 앨범 『김삿갓』을 듣는다. 〈천리길 행장에 남은 일곱 푼을/들주막 석양에 술을 보았으니/어찌하겠는가〉. 대체 술이며 풍경의 깊이는 어떻게 획득되는가. 락은 신중현의 저항의 방식이며 유효해 보인다. 방법이 있다면 늙음 또한 두려워할 게 아니잖는가. 그러나 세상을 술 한 잔에 시 한 수로 건널 수 없음이여. 내 몸 또한

저 물과 같아서, 처음은 순결했으나, 이제 마음의 가장 얕은 바닥조차 비출 수 없게 되었다.

김선굉/1952년 경북 영양 청기에서 태어나 1982년 『심상』으로 등단했다. 시집 『장주네를 생각함』, 『아픈 섬을 거느리고』, 『밖을 보는 남자』 『철학하는 엘리베이트』를 출간했다. 2003년 대구시협상을 받았다.

| 김세진 편 |

방울실잠자리

습지에 비가 왔다 사나흘 이어졌다
우화를 막 끝낸 것, 채 끝내지 못한 것들
갈대를
베어 문 바람
서걱서걱 울고 있다

두어 시간 날이 들면 연해 날개를 털고
암컷의 유혹과 경계의 동시성을 띤
새하얀
방울소리만
소택지에 낭자하다.

바르르 치떠는 날개, 마지막 구애를 한다
배 끝 관상돌기 연신 부풀어 오르면
서둘러

물풀 사이로
꽁지 내려앉는다.

새벽, 숲에 들다

1
생몰 연대를 알 수 없는 참나무 그루터기

잠시 숨을 고르는 사이 모롱이 저만치

열이레
허연 달빛이
더듬어 갔을 그 길

2
애써 엿보지 않는다, 새벽 백양나무 숲길

적막을 다스리는 오랜 침잠의 시간

저 붉은

열매 익히며
홀로 푸르러 가는

3
산길을 기우뚱하니 떠받치는 하얀 뼈대들

메마른 껍질들이 툭툭 터져 내리는

늦은 봄
그 숲 여백 속
나무 한 그루 세운다

그림자의 길

더 내어줄 것이 없는
빈 몸이 만들어낸

은행나무 긴 그림자는 양성 굴광성이다

길의 끝
불빛을 향해
더듬어 가는 촉수들

밤새 보도블록 따라 촘촘히 놓인 길을

지그시 밟고 갔을 지치고 쪼그라든

그믐달
길게 흰 눈썹

새벽을 밀고 간다

김세진/1962년 대구에서 태어나 대구교육대학교, 경북대학교 대학원을 졸업했다. 1998년 《중앙일보》 시조백일장으로 등단하다. 시조집 『메타세쿼이아에게』, 『점자블록』을 출간하다. 중앙시조대상 신인상을 받았다.

| 김호진 편 |

스좌좡 가는 길

베이찡에서 스좌좡까지는 얼마나 될까. 늙은 관절처럼 헐거운 고물 택시, 헉헉거린지 몇 시간, 낮게 드러누운 지평선을 끌어안아도 발가벗은 平原은 바람마저 숨긴다. 이따금 미이라처럼 나뒹구는 붉은 벽돌들이 돈황에 관한 소문을 아느냐고 묻는다. 筋無力症이 끌고 온 굽은 길의 흙먼지들은 스좌좡이 장개석의 마지막 패전장이었음을 말해준다. 부리 검은 새떼 자욱한 황사 속을 떠돌 뿐 숨겨 놓은 名醫는 좀체 보여주지 않는다. 골목의 대문들조차 붉은 부적으로 햇살의 입구를 막아버린다. 스좌좡에 이르는 꽃 피는 길이 보이지 않는다.

寧國寺에서

천태산 오르는 굽은 산길은
삼신바위에 얽어 놓은 인간의 욕망
그 화려한 채색만큼 가파르다
제멋대로 뿜어진 색들이 목마름을 적시겠지만
정신의 사막에 핀 꽃은
얼룩얼룩 백지를 갉아먹기도 한다
천 년의 은행나무가 데리고 노는 것은
햇살보다 낮은 몸짓의 물소리다
때때로 물소리는 모여 크게 울지만
은행나무 높이를 넘지 않는다
빛 바랜 탱화를 보면
그늘과 햇살이 함께 노닌 흔적이 있다

나는 이미 탑이다

탑리 오층 석탑이

별들을 안개 속으로 밀어넣고 있었다

골목은 불안한 듯 서둘러 몸을 꺾었다

나는 그냥 잠들고 싶었다

탑이 내 곁으로 와 몸을 뒤척였다

그 뜨거운 몸을 안을 수 없었다

탑의 높이를 기다림이라 말한다면

나는 이미 탑이다

김호진/대구에서 태어나 영남대학교 약학대학을 졸업했다. 1994년 『심상』으로 등단하였고, 시집 『생강나무』를 출간하다.

잠—코의 시간

중년 사내의 곯아떨어진 잠을 듣는다
황소 한 마리, 우악스레 몰고 가며
산 하난 족히 들썩거릴 소 울음소리 낸다.

쉰다는 잠에까지 저 깊은 잠으로까지
버거운 짐 싣고 가서 되새김질하고 있다
가끔은 숨도 멈추고 뒤척대기도 하면서……

사내의 깊은 잠은 코에게 준 발언 시간
목구멍에 걸려걸려 뱉아내지 못하고
살렸구 살아볼렸구 삼켰던 말 쏟는 것.

아무렴 알고 말고 말로 하지 않아도
고달픈 그 만큼씩 거세지는 코청의 떨림
털어야 털어버려야 다시 서지 않겠느냐

달과 늪
— 우포에서

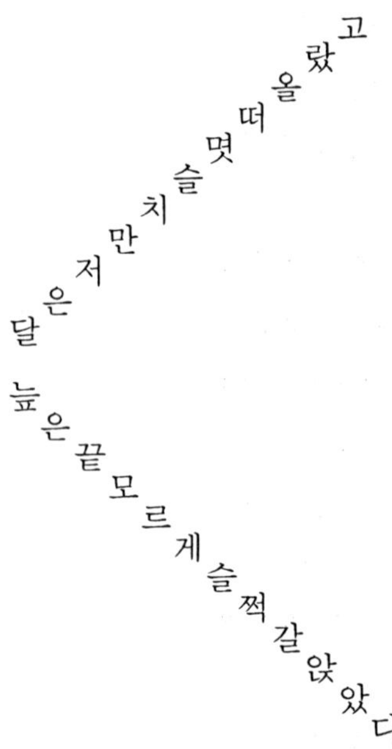

은근하게 달빛이 늪의 안을 헤집지만
끝 모를 그의 깊이는 드러나지 않는다.

비비추에 관한 연상

만약에 네가 풀이 아니고 새라면
네 가는 울음소리는 분명 비비추 비비추
그렇게 울고 말거다 비비추 비비추

그러나 너는 울 수 없어서 울 수가 없어서
꽃대궁 길게 뽑아 연보랏빛 종을 달고
비비추 그 소리로 한번 덜고 싶은 게다 비비추

그래 네가 비비추 비비추 그렇게 떨면서
눈물나게 연한 보랏빛 그 종을 흔들면
잊었던 얼굴 하나가 눈 비비며 다가선다.

문무학/1949년 경북 고령에서 태어나 1982년 『월간문학』 신인작품상, 1988년 『시조문학』에 문학평론이 천료되어 등단하다. 시조집 『가을거문고』, 『설사 슬픔이거나 절망이더라도』, 『눈물은 일어선다』, 『달과 늪』, 『벙어리뻐꾸기』 등 출간하다. 현대시조문학상, 유동문학상, 대구문학상, 대구시조문학상 등을 받았다.

| 문인수 편 |

각축

어미와 새끼 염소 세 마리가 장날 나왔습니다.

따로 따로 팔려갈지도 모를 일이지요. 젖을 뗀 것 같은 어미는 말뚝에 묶여 있고

새까맣게 어린 새끼들은 아직 어미 반경 안에서만 놉니다.

2월, 상사화 잎싹만한 뿔을 맞대며 톡, 탁,

골 때리며 풀 리그로

끊임없는 티격태격입니다. 저러면 참, 나중 나중에라도 서로 잘 알아볼 수 있겠네요.

지금, 세밀하고도 야무진 각인 중에 있습니다.

채와 북 사이, 동백 진다

지리산 앉고,
섬진강은 참 긴 소리다.
저녁노을 시뻘건 것 물에 씻고 나서
저 달, 소리북 하나 또 중천 높이 걸린다.
산이 무겁게, 발원의 사내가 다시 어둑어둑
고쳐 눌러앉는다.
이 미친 향기의 북채는 어디 숨어 춤추나
매화 폭발 자욱한 그 아래를 봐라
뚝, 뚝, 뚝, 듣는 동백의 대가리들.
선혈의 천둥
난타가 지나간다.

쉬

그의 상가엘 다녀왔습니다.
환갑을 지난 그가 아흔이 넘은 그의 아버지를 안고 오줌을 뉜 이야기를 들었습니다.

生의 여러 요긴한 동작들이 노구를 떠났으므로, 하지만 정신은 아직 초롱같았으므로 노인께서 참 난감해 하실까봐 "아버지, 쉬, 쉬이, 어이쿠, 어이쿠, 시원허시겄다아" 농하듯 어리광부리듯 그렇게 오줌을 뉘었다고 합니다.

온 몸, 온 몸으로 사무쳐 들어가듯 아, 몸 갚아드리듯 그렇게 그가 아버지를 안고 있을 때, 노인은 또 얼마나 더 작게, 더 가볍게 몸 움츠리려 애썼을 까요.

툭, 툭, 끊기는 오줌발, 그러나 그 길고 긴 뜨신 끈,

아들은 자꾸 안타까이 따에 붙들어 매려했을 것이고 아버지는 이제 힘겹게 마저 풀고 있었겠지요. 쉬-

쉬! 우주가 참 조용하였겠습니다.

문인수/1945년 경북 성주에서 태어나 1985년 『심상』 신인상으로 등단하다. 시집 『뿔』, 『홰치는 산』, 『동강의 높은 새』, 『쉬!』, 『배꼽』 등을 출간하다. 대구문학상, 김달진문학상, 노작문학상, 시와시학상, 편운문학상, 한국가톨릭문학상, 미당문학상 등을 받았다.

언제나 갈 수 있는 곳

언제나 갈 수 있는 곳
내 버림받았으나 사랑이 있는
내 울부짖었으나 맑은 눈물이 타오르는
그리운 비애로
기쁨이 떠나가는 곳
내 살이 있기 전에
내 사막의 혀를 버리기 전에
내 영혼 가득히 축복받았던
배반의 꿈들이
두 눈을 빼앗는 곳
내 벌거벗고 치욕을 쌓았던
순결한 파멸의 얼굴로
나 갈 수 있는
나 버릴 수 있는

봄꿈

살점이 떨어져 나가듯
흰 목련 꽃잎이
지다.

저 드넓은 꽃잎에 누워
나는 가슴의 칼
버리고……

흰
나비가 되어
푸른 하늘을 휘날리는데

— 다시는 돌아오지 않을테야!

꽃잎 홀로
꿈의 마을로 달아나 버린다.

꿈에 보는 暴雪

갑자기 코피가 옷섶을 적시고 우리는 눈 내리는 산을 오른다
쓰러지고 꺾어지고 산을 오르며 이 달겨드는 눈발로도 몸을 파묻지 못하거니
어느 불꽃인들 몸을 말릴 수 있는가?
둘러보아도 산마루마다 번쩍이는 눈보라는
살아 있는 것들의 핏줄을 한 가닥씩 비우고
하룻밤의 平和를 위하여
자작나무 껍질 한 짐과 참나무 등걸을 지고 돌아와
젖은 나무에 불을 지피는 우리는
한 마리씩의 쓸쓸한 딱정벌레,
불꽃은 젖어서 손바닥 껍질을 한 겹씩 벗기고
어딘가 이 겨울밤을 타오르는 넋들이 그리워
젖어서 우리는 불꽃 속으로 떠난다.

눈이 내린다, 불꽃 속으로 창자를 긁어내는 오늘밤의 눈보라는
꿈꾸는 속눈썹에 방울방울 쉼없이 솟아오른다
젖어라 나무들이여, 딱정벌레 몸뚱이여
天地四方 우리는 외로워서 온몸에 불꽃을 달고
그 불꽃 갈피 없이 눈보라 속으로 흩날리어,
어딘가, 그리운 넋들의 사랑은
젖은 어깨 가득히 寂寞의 불꽃은 갈기갈기 쓰러지고
아아 우리는 눈사람이 되어 숨죽이며
스물 다섯 해 자란 등뼈를 깎는다
눈길을 간다, 천둥을 치면서
얼마나 많은 가뭄이 우리의 가슴을 적시는가
서로의 가슴에 벼락을 때리면서
눈 내리는 산에 불을 지른다
지치도록 눈보라는 온 산을 헤매고

한 삽의 그리움도 쳐내지 못한 채 우리는 퍼질러앉아
다시 터져 흐르는 코피를 훔치면
목놓아 아른거리는 꽃잎의 불꽃.

보이나니. 눈보라 속에
저 퍼붓는 그리움 속에 서럽고 싱싱하게
산등성이마다 살아 오르는 넋들의 불꽃이 보이나니.
더욱 기승을 부리는 눈보라의 살갗이여
말없어라. 말없어라
우리의 살갗은 아프지 않구나
우리의 두 눈. 우리의 두 귀. 우리의 어깨뼈.
말없는 스물다섯 살. 푸르디푸른 등뼈 조각조각이
이 밤 저리도 흐느끼는 눈발로 퍼붓나니.
산등성이마다 불을 켜는 넋들아
우리는 하나씩 도깨비불이 되어.

눈물 흘리는 도깨비가 되어,
꿈결에 지는 暴雪의 화살, 목메이는 불꽃으로 온 산을 헤매다가
이제는 통곡의 산등성이에 이르러
꽃잎같이 타올라 넋이 되는구나.

문형렬/1955년 고령에서 태어나 영남대학교 사회학과, 동 대학 대학원 철학과를 졸업하다. 《조선일보》 신춘문예에 시와 소설이 당선되어 등단하다. 시집 『꿈에 보는 폭설』, 소설집 『언제나 갈 수 있는 곳』, 『슬픔의 마술사』, 장편소설 『바다로 가는 자전거』, 『눈먼 사랑』, 『아득한 사랑』 등을 출간하다.

그리운, 강

강은 세속도시의 종말 처리장을 휘감아 돌고
사람이 살지 않는 마을로 가는 먼 길이
길게 휜, 수로를 따라
다급하게 풀린다

용케 추슬러낸 몇 소절 노래도 삭아
더는 흐르지 못할 끈적한 욕망의 진창
또 어떤 격렬함으로 강은 저리 부푸는가

잡풀들의 아랫도리가 툭, 툭 부러지면서
익명의 새떼들만 취수탑 근처를 날고
마침내 뻘물 아래 아득히
혓바닥을 묻는, 강

시월

바람은 넘실넘실 벼논을 먹어간다
이랑이랑 일렁이며 윗배미서 아랫배미로
한 입씩 베어물었다 되뱉느니, 저 금빛!

햇볕은 또 햇볕대로 태금이라도 하려는 듯
종일을 들명나명 체질하는 시늉이다
감흙을 받아낸 봇물도 한결 누긋해지고

하늘에 깔아놓은 새털구름도 그렇지만
이제 더는 애운할 일 잰걸음 칠 일도 없이
짯짯한 인연의 여울터, 물살이나 볼 일이다

달의 門下

나는 달의 門下다
달은 높이 떠 있으므로

차면 기우나니,
따라잡지 못할 강론

한번도 강림한 적 없으되
늘 내 곁에 가득한 달

진흙 수레를 끌고
홀로 가는 九萬里 長天

오직 달빛만이
가르침의 전부인 것

물 속에 잠겼다고 보는가,
그마저도 中天인 것

초사흘 달이 초나흘 달을 위해
초이레 달이 초여드레 달을 위해

조금씩 베어 먹던
그늘을 남겨 두느니,

건너간 하늘 길섶에
먹물 장삼 한 벌

박기섭/1954년 대구 달성 마비정에서 태어나 1980년《한국일보》신춘문예로 등단하다. 시집『키작은 나귀타고』,『默言集』,『비단 헝겊』,『하늘에 밑줄이나 긋고』,『엮음 愁心歌』등을 출간하다. 대구문학상, 대구시조문학상, 오늘의 시조문학상, 이호우시조문학상, 중앙시조대상 을 받았다.

저녁밥처럼

뜯어먹다 만 구름이 저문 하늘에 떠 있다
중절모 쓴 사내는 짐자전거 뒤에 양철 다라이 붙이고
며칠째 길모퉁이에 서 있다 가끔 생각난듯
흰설탕 떠넣고 열심으로 페달 밟는다
아이가 젓가락에 감긴 분홍빛 속살 뜯어먹는 저녁
가슴에 띠 두른 한 무리 아낙들이 지나가고
허물다만 담벼락 아래 먼지 뽀얗게 뒤집어쓴
국화는 목침만한 꽃 달고 낑낑거린다
저문 하늘에 아이가 뜯어먹다만 구름이 떠 있다
불어터진 추억의 저녁밥처럼

새가 되고 싶은 나

꽃이 새가 될 수 있다면
나무가 새가 될 수 있다면
돌멩이가 새가 될 수 있다면
땅따먹힌 땅이 새가 될 수 있다면
검은 비닐이 새가 될 수 있다면
오색 풍선이 새가 될 수 있다면
구름이 새가 될 수 있다면

자유가 자유를 그리워하듯
그대가 눈물뿐인 사랑을 끌어안듯
새가 비로소 새가 되듯

몸나무의 추억

나는 꽃 피는 몸나무이다
한 번도 꽃 피지 않은
몸나무의 추억이다

새로 어린 나무를 옮겨 심은 뒤
물을 뿌리며 나도 꽃 피던 몸나무인가
딱딱한 껍질 초록 이빨로 깨물어
연한 기쁨의 상처 만드는
나무는 즐거울거야. 내 몸도 덩달아

잎 밀어낼거야. 수돗물에서
외눈박이 도깨비들 투당탕
튀어나온다. 없는 손마다 페놀방망이
수은방망이 납방망이 카드뮴방망이 들고
닫힌 집들의 창자 요란스레
두들기고 다니는

몸이 가렵다, 부스럼딱지가 숭숭 돋고
손톱이 할퀴고 간 꽃 진 자리마다
희디흰 거품피가 묻어난다
마음의 문고리 흔드는
한때 꽃 피던 몸나무의 시절은
六角水의 집인가

무지막지한 시간에 屍姦당한
쿵쾅 도깨비가 뛰어다니는
봄에도…… 꽃 피지 않은…… 몸나무는
꿈꾸는 힘으로 버팅긴다

박진형/1954년 경북 경주에서 태어나 1985년 《매일신문》 신춘문예, 1989년 『현대시학』으로 등단하다. 시집 『몸나무의 추억』, 『풀밭의 담론』, 『너를 숨쉰다』, 『퍼포먼스』, 사인시집 『머리를 구름에 밀어넣자』 등을 출간하다. 대구문학상을 받았다.

| 서담 편 |

양수리-여의도, 차창 밖의 시퀀스 5

핑계 있는 날
준비된 만남을 위하여
시간을 잃어버린 마을 찾아간다
올리브나무 사이로
로미오 & 줄리엣과 담소하며 걷다가
엉클 톰의 오두막집 쉐르빌로 들어가
펑크 락으로 흐르는 윤시내의 열애를 듣는다

올 여름 김수희와 발리섬으로 향해할까
난데없이 스핑크스 같은 해적을 만나거나
에꼴드 빠리풍의 망토를 걸치고
'오늘 같은 밤', 이광조의 벤허에서 삼두마차를 타고
루브르 박물관으로가 프랑스 혁명사를 읽어도 좋다

낮 2시부터 새벽 5시까지

코미디 라이브가 있는 인간시장 기웃거리면
르샬레, 봉주르, 샤델리
이런 이국적인 공간들 펼쳐지지
그룹 산타나의 음악이 흐르는 카지노에서
이종환의 쉘브르에서
청바지와 포크 기타의 추억에 잠기자
언더스타클럽 '흐르는 강물처럼'

* 고딕체는 미사리 라이브 카페의 상호이다.

때론 폭주족이고 싶다

그러니까 과수원집에선
개의 거품은 질주, 그 끝은 죽음이야

나는 홍옥에 주렁주렁 포위된 집에 살았다. 서리가 낭만고양이던 시절엔 쥐가 개를 잡았다 밤마다 사과서리꾼들은 들쥐처럼 낮은 포복으로 들끓었다. 못들은 척 꼬리 살랑대는 견공들은 내 발길질에도 뜰에서만 뒹굴었다. 어머닌 남은 밥알에 붉은 화살이 쥐의 심장 큐피드처럼 관통하는 '로케트표 쥐약'을 섞어 길목에 놓았다. 약 먹은 쥐 씹어 먹은 황구는 거품 내뿜으며 직선으로 질주했다 "저놈을 잡기만 하면 비눗물이라도 갈아 먹여 볼 텐데" 질주의 종착역은 언제나 물웅덩이였다. 물에 빠진 생쥐 꼴의 죽음, 부글거리던 내장이 송두리째 버려진다. 털은 그을려 하늘로 날아가고 살코기는 북어와 된장으로 버물려 무쇠 솥에서 물컹거렸다. 여러 날 아버지의 진지상은 멍멍거렸다.

나는 홍옥 같은 신호등에 걸려있고
세상 불만 곱빼기로 담은
철가방들은 여전히 곡예질주를 한다.
차안의 화면에선 폭주족이 굉음의 불꽃놀이 펼친다.
문득, 차 옆에 서 있는 검은 가죽옷의 모터사이클
할리데이비슨 탈취하여
가속기 페달을 쥐약 먹은 개처럼 달린다.

환 생

쥐오줌풀꽃 듬성한, 달빛 하나 없는 다리 밑으로 생명과학연구소 폐수가 흘러든다 물컹 고인 물에 화각 맞추고 카메라 조리개 연다 냄새와 빛 빨려든다 그동안 연구원의 주사기는 실험용 흰쥐들 제웅처럼 찔렀을 것이다

노트북에서
디카 파일 클릭하자
고양이는 검붉은 연등 내걸고
수천의 흰쥐들
공옥진의 병신춤 추며 화면에서 걸어 나온다
너울너울,

서담/경북 군위에서 태어나 영남대학교 국문학과 박사과정(현대시 전공) 수료. 2001년 『시와 사람』으로 등단하다. 음악평론가로도 활동 중이며 음악평론집 『음악문화의 재정립을 위한 사회적 반성』을 펴냈다.

| 서대현 편 |

아내考 7

일기가 不順한 날
함께 거닐었다
피뢰침같은 우산을 받쳐들고,
아내는 낮은 키의 우산을 탓하며
더
높이 들라고 한다.
그 때
내 발은
땅 속으로 접지가 되어
마침내
번개받이가 되었다.
뒤늦게 천둥이 친다.
아내의 소리

유리벽 속 거미줄

6.3빌딩 계단 모서리 초고속엘리베이터 타고 올라간 고층에서도 윤이나는 검은 거미 한 마리는 제 꽁무니 줄을 풀어내며 산다. 투명한 분신줄 먹이망에 걸려든 바퀴벌레 바둥거리는 몸짓 지치도록 바라본다. 기다림의 시간은 습관처럼 흘러가고 계단 모서리 상승기류 타고 흔들거리는 바퀴벌레의 여린 몸짓 하늘로 오르지 못할 때, 버리지 못할 꽁무니줄 이어진 숙명의 계단을 따라 갑각류 靈柩의 날개짓 속으로 들어간다.

하루살이 숨 넘어갈듯한 순간 점점이 분해되는 갑옷속에 바퀴벌레는 없다. 바람타고 흔들거리는 거미의 몸짓 하늘로 오르는 몸짓만 있는 6.3빌딩 계단 모서리. 날개 없이 오른 바벨탑 위에도 햇빛이 든다. 빈틈없는 창틀 두꺼운 유리 투명한 벽을 넘어

이크, 빨리 숨어야지

빛이 없는 세상으로

6.3빌딩 계단 모서리 빛이 없는 곳에서도 거미는 산다.

그림자 6

여치의 풀색 몸빛은
언제나 굴곡을 하며 세상을 본다
세 치 촉각을 감각하는
세 치 크기의 세상

울지 못하는 암놈 칼날 같은 풀잎 사이
몸 부비며 지내다
제 알 한 줌으로 울음을 대신한다

가을 햇살
더 짧아진 제 몸의 길이를 확인하고
제 몸을 대신할 아무 것도 가지지 못한 채
어둠이 다가오는 저녁 내내 울음 우는 숫배기.
시들거리는 저녁 햇살 등에 받고
천냥금보다 무거워진 몸 땅 위로 누우면

검게 그을러지는 풀빛 같은 몸

멀리서 몰려오는 어둠의 千軍萬馬

여치의 촉각은 검은 색 색맹
그림자 없는 세상을 지키는 마지막 파수꾼

서대현/대구에서 태어나 원광대학교 한의대학을 졸업하였다. 1988년 『불교문학』으로 등단하고, 시집 『액땜』을 출간하다.

| 송재학 편 |

그가 내 얼굴을 만지네

그가 내 얼굴을 만지네
홑치마 같은 풋잠에 기대었는데
치자향이 水路를 따라 왔네
그는 돌아올 수 있는 사람이 아니지만
무덤가에 술패랭이 분홍색처럼
저녁의 입구를 휘바람으로 막아 주네
결코 눈뜨지 말라
지금 한 쪽마저 봉인되어 밝음과 어둠이 뒤섞이는
이 숲은
나비떼 가득 찬 옛날이 틀림없으니
나비 날개의 무늬 따라간다네
햇빛이 세운 기둥의 숫자만큼 미리 등불이 걸리네
눈뜨면 여느 나비와 다름없이
그는 소리 내지 않고도 운다네
그가 내 얼굴 만질 때

나는 새 순과 닮아서 그에게 발돋움하네
때로 뾰루지처럼 때로 갯버들처럼

흰뺨검둥오리

그 새들은 흰 뺨이란 영혼을 가졌네
거미줄에 매달린 물방울에서 흰색까지 모두
이 늪지에선 흔하디흔한 맑음의 비유지만
또 흰색은 지느러미 달고 어디나 갸웃거리지
흰뺨검둥오리가 퍼들껑 물을 박차고 비상할 때
날개 소리는 내 몸 속에서 먼저 들리네
검은 부리의 새떼로 늪은 지금 부화중,
열 마리 스무 마리 흰뺨검둥오리가 날아오르면
날개의 눈부신 흰색만으로 늪은 홀가분해져서
장자를 읽지 않아도 새들은 십만 리쯤 치솟는다네
흰뺨검둥오리가 떠매고 가는 것이 이 늪을 포함해서
반쯤은 내 영혼이리라
지금 늪은 산산조각나기 위해 팽팽한 거울,
수면은 그 모든 것에 일일이 구겨지다가 반듯해지네

닭, 극채색 볏

볏을 육체로 보지 마라
좁아터진 뇌수에 담지 못할 정신이 극채색과 맞물려
톱니바퀴 모양으로 바깥에 맺힌 것
계관이란 떨림에 매달은 錘이다
빠져나가고 싶지 않은 감옥이다
극지에서 억지로 끄집어내는 낙타의 혹처럼, 숨표처럼
볏이 더 붉어지면 이윽고 가뭄이다

송재학/경북 영천에서 태어나 경북대학교 치과대학 졸업하다. 1977년 《매일신문》 신춘문예, 1986년 『세계의 문학』으로 등단하다. 시집 『얼음 시집』, 『살레시오네집』, 『푸른 빛과 싸우다』, 『그가 내 얼굴을 만지네』, 『기억들』, 『진흙 얼굴』, 산문집 『풍경이 비밀』을 출간하다. 김달진문학상, 대구시협상, 대구문학상을 받았다.

| 엄원태 편 |

굴뚝들

온산유화공단의 저 굴뚝들은 그리움이다. 그리움이라는 病! 굴뚝들, 지상에서 가장 절실한 몸짓으로 외팔을 쳐들었다. 가장 높이 쳐들 수 있는 데까지, 저의 가능성과 한계를 다해……

굴뚝들, 제 팔을 너무 쳐든 나머지 한쪽 팔만 남았다. 공장들은 저 굴뚝들 때문에 아주 어깨가 삐딱해지거나, 힘을 다해 용쓰느라 핏줄들까지 툭, 툭, 불거져 나온 게다.

불꽃을 태우는 굴뚝도 있다. 낮엔 그저 이글거리는 손짓으로만 보였을 굴뚝 끝의 화염. 밤 되어 어두워지자, 붉고 투명한 불꽃의 손바닥은 더욱 선명하고 애처롭게 흔들린다. 춤추는 불꽃의 손가락들은 파랗게 질려있기도 하다.

나를 봐주세요! 그대여! 제발, 제발, 하면서……

북녘들 산업도로

읍의 북녘에는 들판을 가로질러
산업도로가 지나간다

궤양을 앓는 자의 위장처럼
저 콘크리트 포장길은
한없이 늘어지고 지쳐 있다

가로수들을 보면
그 길이 얼마나 지쳐 있는지 알 수 있다

그 길이 저녁 때면 차들로 가득 찬다
신호등이 지루하게 깜박거리지만
차들은 도무지 빠져나갈 줄을 모른다
멀리서 보면, 붉은 미등들은 길게 늘어져서
아득하기까지 하였다

밀려 있는 차들의 꽁무니를
속도를 다해 달려오던 트럭이 들이받아
한 달이면 서너 건씩, 사람이 죽는 사고가 발생한다
차들은 형편없이 구겨지거나,
트럭 밑으로 깔려버리기도 한다
가끔씩 불이 날 때도 있다

읍의 사람들은
그 길의 속도와 질주의 무서움을 안다
경운기와 자전거는 그 길에서는 절대 금지다
용감한 오토바이가 가끔씩 그 길을 달리지만
상당한 각오가 필요할 것이다

유령 같은 차들만 검은 유리를 두른 채
그 길을 달린다

길가에는 지친 가로수들이 있지만
사람은 물론 아무도 없다

그러나 때로 정말 아득하게,
길을 건너려는 늙은 노파의 구부러진 허리를
그 길에서 몇 번
본 적이 있다

나무는 왜 죽어서도 쓰러지지 않는가

저물도록,
그녀는 일 마치고 나올 줄 모르고, 기다리는
사내 앞으로, 추억처럼 차들이 흘러갔다

그는 담배에 불을 붙인 다음,
성냥개비를 길가의 도랑에다 휙,
던져 버린다, 시궁창이 잠깐, 비친 듯
그것을 찌르지 못하고, 성냥개비는 옆으로 눕는다
뜬 채 고정되어,

아까부터 조금 떨어진 미루나무 뒤에 숨어 있던
번들거리는 검은 고동색 반코트의, 딱딱한 표정을 가진 '헬멧' 이
성능 좋은, 그러나 조금은 낡은 오토바이 옆에서
힐끗, 이쪽을 보았지만

다시 못 본 척, 가죽장화 발로 타이어를 툭, 차본다

다시, 그는 담배가 다 탈 때까지 공장 담벼락에
기대서서, 그녀가 나오기를 기다려 본다
골목 입구의 가게에서 심부름 온 계집아이 하나
손에 담뱃갑과 동전을 들고 나오다가
화들짝, 놀란 듯 멈칫거렸으나, 이내 종종걸음으로
골목 안으로 들어가 버린다

참기 힘든 듯, 경찰은 신경질적으로 시동을 걸고는
산업도로 방향으로 황급히 사라져 버리고, 이윽고
사내 혼자 남는다, 키 큰 나무들이 더 높은 공중으로
떠오르고
발밑의 잡초들은 수북이 부풀어 오른다, 시간은 그
렇게

하염없이 늘어지기만 하고, 허기진 공복은
한 사발의 냉수처럼 쓸쓸하다

나무들은, 누렇게 뜬 잎을 버리지도 못한 채
허공에 매달려 있다, 형벌의 팔들을 가까스로 들고
나무는 왜 죽어서도 쓰러지지 않는가,
피가 말라, 여윈 껍질만 비틀린 채
제 몸 하나 눕힐 자유마저 없이!

어쩌면 일생을, 그녀는
일마치고 나올 줄 모르고, 기다리는
사내 앞으로, 추억처럼 차들이 흘러갔다

엄원태/1955년 대구에서 태어나 1990년 『문학과사회』로 등단하다. 시집 『침엽수림에서』, 『소읍에 대한 보고』, 『물방울 무덤』 등을 출간하고. 대구시협상, 김달진문학상을 받았다.

| 윤일현 편 |

어머니와 소풍

— 낙동강 4

진작에 귀띔이나 하였으면
뒷집 청송댁에서
쌀 한 되는 꿨을 텐데……

닭들만 퍼덕이는 이른 새벽
죽 끓이다 홀로 마당에 서서
소풍 간다는 말 차마 못해
전날 밤 자기 전에서야 말을 꺼낸
어린 나의 조숙함을 안쓰러워하며
흐르는 눈물 훔치며 하늘을 볼 때
쌀알 같이 촘촘한 새벽 별들은
메말라 평지가 된 당신의 젖가슴에
총알처럼 비수처럼 내려와 박히고
당신을 서럽게 서럽게 우셨습니다

끓는 죽에서 쌀알 건져
숯불에 졸여 밥처럼 만들어
백철 도시락에 꼭꼭 눌러 담고
고구마 두 개, 감 세 개
밤늦게 마련한 말표 사이다 한 병
보자기에 싸는 당신의 눈에선
피보다 진한 눈물 한없이 흘러내려
앞마당에 붉게 핀 맨드라미
더욱 검붉게 물들였습니다

삽짝문 나서는 철부지에게
십원짜리 하나 꼭 쥐어주며
잘 놀다 오너라 나직이 당부할 때
툇마루 밑 복실이도 쪼르르 뛰어나와
어머니 치마 물고 꼬리치며 까불대고

붉게 물든 앞산이 치맛자락 날리며
너울너울 춤추며 우리집으로 내려와서
나의 손을 꼬옥 잡고 어서 데려 갔습니다

강굽이 내려다보이는 검단동 산마루
보물찾기 노래자랑 정신없이 놀다가
소풍 때면 어김없이 찾아오는 야바위꾼
빙빙 도는 나무원판 위 닭털 달린 작은 화살로
일 원 주고 꽂아보고 일 원 주고 또 꽂아보고
한 푼도 남김없이 십 원 다 날려도
그 날은 그렇게도 즐거웠습니다

저물도록 놀다가 돌아오는 방천길
저 멀리 뚝다리 위에서 나를 기다리며
노을에 젖어있던 당신의 모습

강물과 함께 세월은 흘러가도
당신의 모습 당신의 눈물
내 가슴 속 언제까지 남아 있을 겁니다

장마철
— 낙동강 6

밤새 퍼부은 비로
학교 앞 샛강 넘치는 날은
학교에 가지 않아도
결석으로 처리되지 않았다
그런 날은
누나를 졸라서
사카린물 풀어먹인
밀이나 콩 볶아
어금니 아프도록 씹으며
주룩주룩 쏟아지는 비를 바라보거나
배깔고 엎디어 만화책을 볼 때면
눅눅하고 답답한 여름장마도
철부지 우리에겐 즐겁기만 했고
아버지 수심에 찬 주름진 얼굴도
돌아서면 우리와 상관없는 일이라

형과 나는 은밀한 눈빛으로
내일도 모레도 계속 비가 내려
우리집만 떠내려 가지 말고
샛강물은 줄지 않기를
낄낄거리며 속삭이곤 했다

어른이 된 지금도
간절히 쉬고 싶을 때는
샛강 넘치는 꿈을 꾼다

김천댁

— 낙동강 10

달비 장사에게 머리카락 팔아
식구들 겨울내복 사 오겠다며
머리 곱게 감아 빗고 장에 간
심성 곱기로 온 마을에 칭찬 자자한
나무꾼의 아내 김천댁은
해 지고 밤이 깊어도 돌아오지 않았다
온 동네 사람들이 다 나서서
사흘밤 사흘낮을 꼬박 찾았으나
행방을 아는 이가 아무도 없었다
닷새째 되는 날 김천댁은
남편 박서방이 나무하러 가는 길목
마을 뒷산 어느 큰 소나무에
치마끈으로 목 맨 시체로 발견되었다
뒷머리 몽땅하게 다 잘렸고
찢어진 꼬장주 가랭이에는

붉은 선혈이 얼룩져 있었다
흑심을 품은 못된 달비 장사에게
머리칼 잘리고 겁탈도 당하고는
서럽게 산 이 세상을 그렇게 떠났다
세 살짜리 봉식이와 박서방의 내복을
보자기에 정갈하게 싸서 발 아래 두고서

윤일현/대구에서 태어나 영남대학교 영문학과를 졸업하다. 『사람의 문학』과 시집 『낙동강』으로 작품 활동을 시작하였고, 교육평론집 『불혹의 아이들』 등 출간하다.

살레 지나 운문사 가는 길

굽은 길이 마음을 편다면
운문사 가는 길 잡겠네
가난한 물줄기들
골짝마다 떠나와
잔기침 한 번 없이 내를 이뤄 모여드네
서툰 종이학 접듯 산허리 눌러 오르면
벽에 갇힌 물줄기
피멍든 수면 이루겠네
그 위로 달이 뜨고 별이 지고
산세상 어우러지는지
막힌 길을 흐름으로, 흐름을 다시 막아
산문이 보인다면
산 아랫마을쯤 서성이겠네
밤마다 물을 거르는 체소리 열리고
떠나간 발자국 벗어놓은 모래알

달빛처럼 쌓이겠네
성(聖)도 속(俗)도 모르면서
경계의 그늘에 앉아
법고 소리에 숨을 죄겠네
굽은 마음 어디에도 눕힐 수 없다면
귀를 숙여 더부살이하겠네

어라연

길이란 길 죄다 얼어붙어 그대에게 끊겼던가

진눈깨비 오래도록 나를 위해 내렸던가

철없는 세상 잠들면 눈은 다시 내리고

동강 맑은 물 흐르는 술병 속 밤새 뒤척인다

젖은 신발끈 풀린 어느 바람 매운 날

가랑잎처럼 쓸리다 다시 만날까

세상의 모든 길 죄다 녹아 발걸음 글썽인다

靑山圖

길은 무덤에서 끝나 있다 집을 떠난 새들이 바람 속에 길 없는 길을 물을 때 물오리나무에서 죽비 소리가 쏟아진다 늙은 상수리나무 손가락 사이로 얼핏 보이는 강물 세상에서 미처 이름을 얻지 못하고 내 속에서 흩어진 글자들 답답한 듯 돌아눕는다 물소리가 깊어지는 밤이면 산이 가끔 내려와 못다 푼 수수께끼를 푼다 이제 그만 내려가라고 몸을 턴다 산도 강도 오래 누우면 따스한 무덤이라고 나는 바람 속에 집을 세우고 돌아눕는다

이동백/1955년 경북 경산에서 태어나 영남대학교 약학대학을 졸업하다.
1996년 『현대시』로 등단하고, 시집 『수평선에 입맞추다』를 출간하다.

마왕의 잠 · 1

맨드라미의 하늘도 시들어
꽃피던 마을은 이제 처참하다
깨어진 자유처럼 풀씨 흩날리고
토종개들의 눈빛은
죽어서도 먼 바다를 머금고 있다
해안을 돌아온 아이들의 귀
재잘거리는 몇 개의 말미잘
잔잔한 어둠이 바다의 허공을 일렁이고
피로한 물풀의 잠아
너는 신의 발목을 안고 몸을 떤다
네 손바닥의 못자국을 뜯어내면
향나무숲으로 파고드는 햇살소리가 들리고
만상의 잠을 보채는 무형의 바람이 보였다

양말

양말을 빨아 널어두고
이틀만에 걷었는데 걷다가 보니
아, 글쎄
웬 풀벌레인지 세상에
겨울 내내 지낼 자기 집을 양말 위에다
지어놓았지 뭡니까
참 생각 없는 벌레입니다
하기사 벌레가 양말 따위를 알 리가 없겠지요
양말이 뭔지 알았다 하더라도
워낙 집짓기가 급해서 이것저것 돌볼 틈이 없었겠지요
다음날 아침 출근길에
양말을 신으려고 무심코 벌레집을 떼어내려다가
작은 집 속에서 깊이 잠든
벌레의 겨울잠이 다칠까 염려되어
나는 내년 봄까지
그 양말을 벽에 고이 걸어두기로 했습니다

아버님의 일기장

아버님 돌아가신 후
남기신 일기장 한 권을 들고 왔다
모년 모일 '終日 本家'
'종일 본가' 란
하루 온종일 집에만 계셨다는 이야기다
이 '종일 본가' 가
전체의 팔할이 훨씬 넘는 일기장을 뒤적이며
해 저문 저녁
침침한 눈으로 돋보기를 끼시고
그날도 어제처럼
'종일 본가' 를 쓰셨을
아버님의 고독한 노년을 생각한다
나는 오늘
일부러 '종일 본가' 를 해보며
일기장의 빈칸에 이런 글귀를 채워넣던

아버님의 그 말할 수 없이 적적하시던 심정을
혼자 곰곰이 헤아려보는 것이다

이동순/1950년 경북 김천에서 태어나 경북대학교 국문과와 동 대학원 졸업하다. 1973년 《동아일보》 신춘문예 시 당선, 1989년 《동아일보》 신춘문예 문학평론이 당선되어 등단하다. 시집 『개밥풀』, 『물의 노래』, 『지금 그리운 사람은』, 『그 바보들은 더욱 바보가 되어간다』, 『철조망 조국』, 『꿈에 오신 그대』, 『봄의 설법』, 『기차는 달린다』 등 발간하였다. 신동엽 창작기금, 난고문학상, 시와시학상을 받았다.

'사이' 라는 말

— k에게

가령, 너와 나 사이의 연분도
연분홍 봄길 혹은 밀물드는 가을 강가에서
그리움에 기우뚱 저물거나
온 발목 무장 젖어 흘러간 세월 같다.
그리워라 아니로리!
머나먼 스와니강 출렁거려
노랫가사가 생각나지 않는다.
금물결 은물결 반짝이다가 또 먹먹하다가
안팎의 경계엔 하많은 뭇별들.
두루 총총 오히려 적막하다 해도
옛날 거닐던 강가에 이슬젖은 풀잎
아리 아라리로 엮는,
산다는 일의 곡절 그 가쁜 숨결.

겨울나기

한나절 무우구덩이를 판다.
삽날 끝에 찍혀 오르는 몇 줌의 흙이
무모하도록 떨어지지 않는다.
허리 굽혀 바닥에 닿을수록
어둠 안쪽에 물기가 배어오는
땅 속 깊이 무딘 삽날을 꽂고
잔수염 많은 무우를 다듬어 가나니
바람 들어 상하지 않을 겨울밤을 생각하며
답답하던 언제부턴가
무우는 꼿꼿하게 하늘 쪽을 향해 눕는다.
맹물을 마셔도 목마른 구덩이 곁에서
깊고 은밀하게 그것들을 묻으며
나도 우멍한 구덩이로 누워
안전하게 겨울을 나는 방법의
시작과 끝을 한 백 번쯤 가졌다.

어떤 흐린 날

할일없이 담배를 태운다.
바둑이가 짖으며 내닫은 길 위로
아무도 한 번 가고는 오지 않는다.
구겨진 은박지 속에서는
아이들과 새들의 숨바꼭질이 한창인데
흐려지는 얼굴로 문득
그해 여름 맨드라미꽃 지고 있다.
먹다 밀쳐 둔 수제비 같은
유년의 운동장 가에는
분홍의 바람개비 저 혼자 돌아가고,
잃어버린 사방치기 돌
희미한 기억처럼 빛을 튕기고 있다.
아련하여라
줄레줄레
아직도 국기 게양대 옆 미루나무 잎사귀는

저요 저요 선생님 저요! 잎잎이 눈부신데
사라지는 담배연기 너머로
세상의 길은 구불구불 푸르게 뻗어만 갔다.

이무열/대구에서 태어나 대구대학교 경제학과를 졸업하다. 1996년《대구일보》신춘문예에 동화「건널목 있는 풍경」, 1997년《매일신문》신춘문예에 동화「울음 잡는 아저씨」가 당선되어 등단하다.

낙타

한반도 건너편
아득히 사막이 불타는 땅
모래 바람이 분다
낙타는 뜨거운 사막을
조금도 움츠리지 않고
풀 한 포기
한 뼘 그늘조차
허용하지 않는 무서운 형벌
갈증의 모래 언덕을 넘기 위해
낙타는 서로 다른 크기의
산봉우리 같은 肉峰을 짊어지고
제 스스로 자기 그늘을 만들며
가끔씩 울어
끝이 보이지 않는 사막
뜨거운 모래 바람 속에서도
낙타는 침을 흘리지 않는다

감자꽃

감자꽃 피는
바람더미의 땅
후미진 곳에
낯설게 손을 내미는
하얀 더듬이가 있다
칡덩굴 우거진 산
안개 일어서는 풀벌레의 숲
이따금 새들이 날아와
둥지를 튼다
감자꽃 피는
바람더미의 땅
먼 강으로 흘러가는
따뜻한 아버지의 흙이 있다

용지봉 뻐꾸기

용지봉 뻐꾸기는
밤이 되어도
잠을 자지 않는다
어둠 속에서 별을 쳐다보며
뜬 눈으로
새벽을 저어
희디흰 숲을 연다
나무들의 숨결을 모아
산을 한 바퀴 휘돌며
안개 거두어
골마다 꽃 피게 한다
시퍼런 햇살이
산을 휘감을 때
사람들은 산정을 향하여
무심코 돌을 던진다

다람쥐는 부리나케
참나무 굴 속으로 들어가고
용지봉 뻐꾸기는
고압선 철탑 위에 앉아
엄마를 찾아 헤매는
얼룩 꼬맹이의 발자국 소리
산 굽어 듣는다

이유환/대구에서 태어나 안동교육대학교, 영남대학교 대학원을 졸업하다. 1984년 『현대시학』으로 등단하고, 시집 『異邦人의 강』, 『용지봉 뻐꾸기』를 출간하다.

千年

1
마주 앉아서
말없이 천년

눈빛으로 천년
눈빛으로 천년

덧없이 마주 앉아서 눈빛으로 천년

2
잠이 옵니다 온몸으로 잠이 스미어 듭니다

아득한 벼랑 끝에 별빛 내리듯 내 영혼 몸 밖으로 빠져 나가고 썰물인 듯 썰렁하니 빠져 나가고

흰 뼈만
남습니다, 아아
또 다시
천년

獻詞

1

물소리를 꺾어 그대에게 바치고 싶다
수천 수만 줄기의 희디흰 나의 뼈대

저문 날
물소리를 꺾어
그대에게 바치고 싶다

2

꺾이고 꺾이어서 마디마디 다 꺾이어서
꺾이고 꺾이어서 마침내 사랑을 이룬

저문 날
모든 뼈대는
물소리를 내고 있다

別辭

나
죽으면
눈물 한 방울
흘리잖고
먼 산이나 하염없이
하염없이
바라볼
마침내 말없을 그대
영영
말 잃을 그대

천지에
환한 봄일 적에
나
죽으리

천년을 읊은

그 봄날

나 죽으리

그 날에

나 죽은 그 날에

영영

말 잃을 그대

이정환/1954년 경북 군위에서 태어나 대구교육대학교, 한국교원대학 대학원을 졸업하다. 1981년 《중앙일보》 신춘문예로 등단하다. 시집 『아침 반감』, 『금빛 잉어』, 『원에 관하여』 등을 출간하였고, 이론서 『시여 꽃을 뱉어라』, 『현대시조교육론』이 있다. 한국시조작품상, 대구문학상, 중앙시조대상, 이호우문학상을 받았다.

| 이종문 편 |

봄날도 환한 봄날

봄날도 환한 봄날 자벌레 한 마리가 浩然亭 대청마루를 자질하며 건너간다

우주의 넓이가 문득 궁금했던 모양이다

봄날도 환한 봄날 자벌레 한 마리가 浩然亭 대청마루를 자질하며 돌아온다

그런데, 왜 돌아오나

아마 다시 재나 보다

눈

신축

공사장의

모닥불에 내리는 눈

그것이 불인 줄을 꿈에도 모른 채로,

무심코 내린다는 게

그만 거기 내리는

눈

신축

공사장의

모닥불에 내리는 눈

그것이 불인 줄을 번연히 알면서도

어, 어, 어,

하는 사이에

피치 못해

내리는

눈

선풍

7박8일 동안 휴가를 보낸 뒤에 돌아오니 선풍기가 강풍으로 돌고 있다.

발로다, 툭, 하고 끄니, 그제서야 멈춘다.

아아, 그 긴 낮을, 그 칠흑 같은 밤을, 그 정말 무시무시한 고독 속에 돌아갔을,

가여운 너 선풍기야, 발로 꺼서 미안하다.

그러나 우리도 혹시 누군가가 발로다 켠, 그것도 강풍으로 켠 선풍기가 아닐까 몰라

켜놓고 우주 일주의 먼 여행을 떠나버린,

켜놓고 우주 일주의 여행을 떠나버려 긴긴 날 긴긴 해를 미친 듯이 돌아가다,

돌아와 발로 툭, 끄면 그제서야 멈춰서는,

이종문/경북 영천에서 태어나 1993년 《경향신문》 신춘문예로 등당하다. 〈역류〉 동인으로 활동하면서 10권의 사화집을 간행한 바 있으며, 시집으로 『저녁밥 찾는 소리』, 『봄날도 환한 봄날』를 출간하다. 중앙시조대상 신인상, 대구시조문학상을 받았다.

투명한 속

유리 부스러기 속으로 찬란한, 선명하고 쓸쓸한
고요한 남빛 그림자 어려온다, 먼지와 녹물로
얼룩진 땅, 쇳조각들 숨은 채 더러는 이리저리 굴러
다닐 때,
버려진 아무 것도 더 이상 켕기지 않을 때.
유리 부스러기 흙 속에 깃들여 더욱 투명해지고
더 많은 것들 제 속에 품어 비출 때,
찬란한, 선명하고 쓸쓸한, 고요한 남빛 그림자는
확실히 비쳐온다.

껌종이와 신문지와 비닐의 골짜기,
연탄재 헤치고 봄은 솟아 더욱 확실하게 피어나
제비꽃은 유리 속이든 하늘 속이든 바위 속이든
비쳐들어간다. 비로소 쇳조각들까지
스스로의 속을 더욱 깊숙이 흙 속으로 열며.

초록의 길

때때로 가벼운 주검이
아주 가까운 데서 만져지는 수가 있다.
11월의 오후, 차고 마른 풀잎들이 모여 있는
도시 변두리 또는 도심의 공터의
푸른 빛이 먼지와 함께 흩어지는 곳에서.

방아깨비 한 마리를 내가 사는 아파트의 빈터에서 서성대다 발견했다. 아이들의 노래소리 가까이 그 주검은 아무도 몰래 버려져 있었다. 바랭이풀들의 마른 잎 사이에서 서걱이는 것을, 처음에 나는 빈터 멀리서 날아온 은사시나무 가로수의 마른 잎인 줄 알았다. 그것은 속날개였다. 바깥을 덮었던 초록 외피의 튼튼한 겉날개는 떨어져 나가고, 속날개는 끝이 찢긴 채 몸체에 겨우 붙어 바람에 미세하게 흔들렸다. 흡사 죽어간 방아깨비의 몸을 떠나, 방아깨비의 초록 영혼을 이 도

시의 하늘 위로 날리려는 것처럼. 통통했던, 미세한 물결무늬로 마디를 이루었던 배는 벌레에게 뜯겨 나가, 속이 비어 있었다. 머리 역시 반 쯤 뜯겨나가, 속이 비어 있었다. 껍질 뿐인 몸으로 바람에 조금씩 날개 파닥이며 닳아갔다. 우리가 사는 도시의 밑바닥에는 칼날의 바람이 끊임없이 불어댔다. 나는 풀밭을 계속 걸어다녔다. 잠시 후 풀섶 아래서 풀무치의 주검을 보았다. 이어서 여치와 잠자리의 주검들을 보았다. 그러나 이 주검들 앞에서 애통해 할 까닭은 없다.

가난하게 떨어져 땅에 눕는
내 시간의 따스한 집이여 주검이여
살아 있던 날들의 모든 기억을 고마워하며
우리 함께 여기에 눕느니
내 존재의 끝이자 시작인 너의 가슴에

지금 고요히 누워 있으니.

풀무치와 방아개비, 여치, 잠자리들은 그들의 빛나는 날개로 여름을 분주히 날았고, 어쩌다 이곳까지 왔었고, 죽을 때가 되어서 죽은 것이다. 그 이상은 아무것도 아니다. 다만 이 아파트의 가까운 이웃이 죽었을 때, 애통해하는 가족들의 울음 속으로 여치 울음이 끊임없이 들렸음을 나는 슬퍼한다. 죽은 이는 밧줄에 묶여 지상에 내려가 장의차를 타고 도심을 빠져나갔다. 이 도시와 산을 눈물로 이은 길을 만들면서. 또 나는, 사랑하는 이를 그릴 때 풀벌레의 울음을 끊임없이 들어야 하는 길고 고적한 밤도 보냈다. 내가 발견한 풀벌레의 주검들은 그 때 내 영혼을 흔들던 그것들이었으리라. 지금은 모든 풀벌레 소리도 끊기고, 밤은 너무나 고요하다. 모든 풀벌레들의 울음은 죽었다. 그러나 나는 그것들 하나 하나가 온 길을 비로소 찾아 나설 마음이 인다. 풀무치는 초록의 길을 따라, 산이나 들에서 이 도시의 깊은 곳으로 왔다. 처음엔 들판에서 쉽게 이어진 초록의 길이 도시 변두리의 빈터로 이어졌으리라. 그 다음엔 우리가 모르는 풀에서 풀로 이어진 길이 풀무치를 미세하게 이끌었으리라. 그렇다. 이 도심의 회색 콘크리트의 세계에도 자세히 보면—풀무치의 눈으로 보면— 들과 산으로 이어진 초록의 길이 있다. 아무도 찾으려 하지 않는 그런 신비한 길이. 단순하게 자연이라 단정지을 수는 없지만, 우리 삶 속에는 그렇게 열린 길이 있다.

늪
— 포산일기 6

생각의 수면도
위는 밝고 아래는 어둡다
밑바닥에는 우렁이 기어간 길들이 여러 갈래로 나 있다
어구를 챙기며 어부가 물 속을 들여다보면
수면을 거대한 잎들로 덮고도 사려깊게 내다보는
늪의 푸른 눈

제 안의 꽃을 내헤쳐 보이고 싶은 늪은
어부 앞에서 망설인다
가시연마저 온몸의 가시로 제 몸을 찢고
수줍음을 불빛처럼 켜낸다
제 안에 있는 힘이 끊임없이
밑바닥을 차고 올라와서 펴는 생의
說明이 왜 저러할까

가시연의 거대한 바퀴를 돌리며
어부 김씨는 잠깐 뱃길을 낸다
그 길 따라 그 만이 아는 깊이까지
늪은 제 속을 툭툭 열어제꼈다가
어부의 꿈이 걸어내려간 우렁이의 길까지
여전히 제 힘으로 꼭꼭, 다시 여민다

이하석/1948년 경북 고령에서 태어나 1971년 『현대시학』으로 등단하다. 시집 『투명한 속』, 『김씨의 옆얼굴』, 『우리 낯선 사람들』, 『측백나무 울타리』, 『금요일엔 먼데를 본다』, 『녹』, 『고령을 그리다』, 『것들』 등을 출간하였고, 김수영문학상, 김달진문학상 등을 받았다.

| 장옥관 편 |

달의 뒤편

등 긁을 때 아무리 용써도 손닿지 않는 곳이 있다 경상도 사람인 내가 읽을 수는 있어도 발음할 수 없는 시니피앙 '어'와 '으', 달의 뒤편이다 천수관음처럼 손바닥에 눈알 붙이지 않는 한 볼 수 없는 내 얼굴, 달의 뒤편이다 물고문 전기고문 꼬챙이에 꿰어 돌려도 모르는 것은 모르는 것 더듬이 떼고 날개 떼어 구워 먹을 수는 있어도 빼앗을 수 없는 귀뚜라미 울음 같은 것, 내 눈동자의 뒤편이다

눈꺼풀

— 최승호 시인의 시 「거울과 눈」을 읽고

어머니 눈에는 눈꺼풀이 없었다
수마를 쫓기 위해 눈꺼풀을 쥐어뜯은 달마는 아니지만 잠들어도 눈을 감지 않는
어머니의 눈에는 눈꺼풀이 없었다
늦은 밤 홀로 밀린 숙제를 하다 돌아보면
눈꺼풀 없이 잠든 눈이 어린 장남을 빤히 쳐다보았다 일찍 과부가 된 삶은
눈꺼풀이 없는 눈
눈꺼풀 없는 눈이라고 눈물조차 없진 않았을 터
눈물이 눈꺼풀을 달아주었다
코밑이 꺼매질 무렵에는 졸음 묻은 교과서에도 만화책에도 수음하는 손바닥에도
천수관음의 눈이 박혀 있었다
눈꺼풀 없는 어머니
갑자기 눈을 감으셨다 눈꺼풀이 없는 어머니 눈에

훍이 들어갔다 눈꺼풀 없는 눈을 어머니, 내 어린 미간에다 심어놓고 가셨다

삼족오의 다리처럼

눈이 셋인 나는 이윽고 거울이 되었다

"그것은 눈꺼풀이 없는 눈, 눈썹이 없는 눈, 눈동자가 없는 눈"

그러다가 문득 거울에 비친 하늘을 보았다

하, 눈꺼풀이 없다

입술

두 장의 나비 날개, 비로드 같은 붓꽃 이파리, 새빨간 피 머금은 통통한 찰거머리, 썰어놓으면 두 접시는 너끈할 것 같은 두툼한 간처녑, 컴컴한 구멍을 감싸고 있는 두 장의 검붉은 꽃잎

하수구에 떨어진 벌건 햇덩이처럼, 혼곤한 꿀샘에 고개 처박은 나비 주둥이처럼, 한번 달라붙으면 도무지 떨어지지 않는, 씹어도 씹어도 물리지 않는다. 살강살강 씹히는 육질 좋은 내 생각은,

장옥관/경북 선산에서 태어나 1987년 『세계의 문학』으로 등단했다. 시집 『황금 연못』, 『바퀴소리를 듣는다』, 『하늘 우물』, 『달과 뱀과 짧은 이야기』 등 출간하다. 김달진문학상, 일연문학상을 받았다.

| 장하빈 편 |

밥통

쇠고기 국물에 밥 말아 후루룩후루룩 넘기거나
삼동추에 고추장으로 슥싹슥싹 비벼내던 그때가 삼삼하지
언제부턴가, 벼룩시장 부동산 광고 낱낱이 훑어보며
설익은 밥 같은 것 잘근잘근 씹어 삼키곤 하지
밥주머니 떼어낸 사람에게 식은 땀 어지럼증 찾아오는
덤핑증후군이라는 놈 탓이겠지만
밥맛이 밥맛이라는 걸 혀끝으로 오래오래 느껴보잔 셈이지

요, 밥통아!
세상 사람들 이젠 나를 그렇게 부르진 못하지

개밥바라기 추억

겨울 금호강에서 그에게 편지를 썼다
등에 업혀 새록새록 잠들다가
어두운 강물 속으로 사라져 간 개밥바라기

하얗게 얼어붙은 강어귀에서
모닥불 지펴 놓고 그를 기다렸다

한참 뒤, 폭설 내려와
강의 제단에 바쳐지는 눈발 부둥켜안고
모래톱 돌며 齋를 올렸다

눈 그친 초저녁 하늘에 걸린 초롱불 하나

어머니

신발 끌고 현관문 나설 때 화두로 문득 다가오는 山
차 시동 걸거나 신호 대기 중일 때 옆자리 척 걸터앉
는 山
낡은 책과 컴퓨터 사이 비집고 들어와 우뚝 솟는 山
저물 녘 산책길 접어들 때 호수 속 고요로 갈앉는 山
발 씻고 저녁 밥상머리 앉을 때 목안에서 울컥 올라
오는 山
밤마다 한쪽 가슴 허물어 에굽은 길 스스로 내어주
는 山

장하빈/1957년 경북 김천 대덕에서 태어나 경북대학교 국어교육과를 졸업하고, 1997년 『시와 시학』으로 등단하다. 시집 『비, 혹은 얼룩말』을 출간하다.

매화도 1

매실 묘목
심다
눈부시다
꽃눈에 감기는
햇살.
언제나 이렇게, 봄은
마구 우긴다
또 처음이란다
그래
이내 피려나
망울 열릴 참에
기다리다
깜박 또 존다
에라 안 졸았다
우긴다

아침 연못

봄날 아침은
산 속 연못이다
동녘이
피는 동안
산란하는 붕어들
뒤척이는
그 소리
한기와 어둠을
찰싹, 철썩
깨치며
언제였던가
아버지 엄니
두런두런
나를 깨우던
그 아침

암곡 오동꽃

세상에서 가장
아름답게
올렸구나

오동이 꽃을 드니
暗谷*이
참세상이네

저 등 아래
당신을
불러볼까

---

* 무장사지가 있는 경주시 암곡동

세상 노래 다
부르고, 꽃빛에
흠씬 젖어

조기현/대구에서 태어나 경북대학교 국문과, 동 대학원 국문과를 졸업하다. 1986년 『시문학』으로 등단하고, 시집 『길들의 여행』을 출간하다.

| 김양헌 편 |

불상유통(不相流通)/동기감응(同氣感應)

— 1990년대 시읽기의 방법적 시론

1. 방정식을 만나다

폭설이 내린 어느 오후였다. 우리는 참다람쥐 먹이를 주러 나왔다가 만났다. 그는 12,302그루의 나무와 함께 살았는데, 나무처럼 항상 말없이 골똘한 생각에 잠겨 있었다. 울타리 너머는 도로와 아파트 지대여서 날아드는 새들과 참다람쥐 몇 식구 외에는 별다른 말벗도 없었다. 그날 그는 무슨 방정식으로 이야기를 시작했다. 처음에 나는, 그가 생물학을 전공하고 그것으로 생계를 이어갔으므로 그런 이야기겠거니 했는데 그게 아니었다. 그는 시를 이야기하고 있었다. 그가 문학에 대해 깊이 생각하고 있었다는 건 전혀 뜻밖이었다. 게다가 문학을 방정식으로 설명하려 했으니. 만약, 텍스트가 지닌 정서와 사상의 총합을 산출할 수 있는 방정식을 찾는다면, 각 시편들이 지닌 가치를 규정하는 일은 아주 쉬워질 것이라고 했다. 자연과학자다운 발상이지만, 다른 별에서 온 어린 왕자의 얘기처럼 들려서 그저 웃고만 있는데, 그는 진지하게 이야기를 이어나갔다.

물리학이 $E=mc^2$이라는 아인슈타인의 간명한 방정식 하나로 물질의 에너지와 시공간의 휘어짐을 밝혔고, 별과 은하들이 서로의 거리에 정비례하여 모든 방향으로 멀어지고 있다는 허블의 법칙으로 150억 년을 거슬러 빅뱅에 이르는 과정을 도출하였듯이, 구체적인 상황을 포괄하면서 전체와 근원을 통찰할 수 있는 정서역학적 방정식도 가능하다는 것이다. 정서역학이라니! 너무나 가당찮은 생각이었지만, 생물학적 방법론에 토대를 둔 갈래 이론에서 볼 수 있듯이, 문학 연구와 비평은 철학이나 사회학뿐 아니라 자연과학의 방법론과도 영향을 주고받은 것이 사실인데다 물리학에 대해서는 아는 게 없으니 나로서는 할 말이 없었다. 게다가 그는, 아이작 뉴턴의 고전역학에서 일리야 프리고진의 비평형 열역학에 이르는 물리학의 역사를 문학적 상상력의 수학적 실현 과정으로 이해하였기 때문에, 역으로 수학적/물리학적 논리가 문학적 상상력의 근거를 밝히는 토대가 될 수도 있다는 생각을 하고 있었다.

그는 문학을 자연과학적으로 표현한 최초의 인물로

프랑스의 비평가 떼느를 꼽았다;방정식을 만들고 수학적으로 증명하지는 않았지만, 떼느는 종족(race), 환경(milieu=social environment), 시대(moment)를 문학의 주요 변인으로 잡았지요. 변인이 있다는 게 중요합니다. 그것이 함수를 만들지요. 만약 떼느가 방정식을 세웠다면, $L = r + e + m$이 아니라 $L = rem$으로 했을 겁니다. 왜냐하면 문화적 전통을 의미하는 종족은 사회적 환경과 역사적 상황에 덧붙는 무엇이 아니라 상호작용하는 것이기 때문이지요. 환경 e는 공간 변수로 시간 변수인 시대 m과 길항하며 변화하는 창작상의 시공간, 즉 역사적 현실이 되겠지요. 이것이 문학적 변용을 거쳐 작품에 투사되는 양을 h(historicol reality)라 합시다. 전통은 역사적 현실에 포함될 수 있고, 오늘날은 그것을 수용하는 시인의 역량과 개성이 중요하므로 r을 p(personality)로 대체할 수 있겠죠. 그러면 방정식은 보다 간명하게 $L = \alpha hp$(α는 상수;h와 p를 제외한 요소들은 변인이 없거나 상대적으로 아주 적다고 보고 고정함)로 바꿀 수 있지요. 다른 요소들을 상수로 볼 때, 개별 작품(poem)은 이미지와 의미가 상호작용하는 $P_0 = \alpha im$으로 표현될 수 있습니다. 집합적/추상적 의미로서의 시(poetry)는 $P = P_1 + P_2 + P_3 + \cdots + P_n$ 즉, $P = \sum_{i=1}^{n} P_i$ 로 나타낼 수 있고요. 시의 정서적 에너지는 개별 작품들의 에너지의 총합과 같다는 단순한 의미를 담은 수식입니다. 이런 소박한 함수가 어디 쓰일 것 같지 않지만, 수학/물리학은 원래 가장 단순한 정리(定理)에서 출발하지요.

그는 몇 개의 방정식을 더 이야기했고, 의식을 가진 생명체/시인이 생산하는 자의적 텍스트와, 물리적 역학관계로만 존재하는 우주/물질이라는 텍스트 사이에는 근본적인 차이가 있을 수밖에 없다는 점을 말하면서, 측정 자체의 어려움도 문제지만 이미지/의미/리듬/독창성/정서의 양을 나타낼 수 있는 단위가 아무 것도 없다며 한숨을 지었다. 그러나 그는 정서역학적 방정식이 굳이 어떤 것을 계산해내기보다 변수 간의 관련성을 나타내기만 해도 상당한 도움이 될 거라고 믿었다. 그래서 그는 기왕의 이론적 틀을 활용하여 문학적 위상 공간에서 사용할 수 있는 기초적인 몇 개의 방정식을 설정한 것이다. 심리적 뒤엉킴에서 발현하는 시편들의 정서적 방향과 무게를 최대한의 객관성을 요구하는 방정식으로 기술하는 것은 곧바로 파탄에 이르는 길처럼 보이지만, 동시대 문학의 전반적인 경향이나 문학사를 이해하는 데는 세부적인 사항을 어느 정도 무시하고 보다 추상적인 보편성을 추출할 필요가 있기 때문에 이런 방법도 유용한 측면이 없지 않다고 생각한 것. 하우저의 『문학과 예술의 사회사』 같은 방대한 작업도 따지고 보면, 사실주의와 반사실주의의 상호작용이라는 간명한 기술 방법을 토대로 모든 예술적 경향을 공시적/통시적으로 조망하고 있다는 게 그의 판단이었다.

다람쥐는 보이지 않고 새들만 몰려와 먹이를 쪼아먹었으므로 우리는 자리를 다른 곳으로 옮겼다. 히말라야시다에서 눈이 풀썩, 떨어진다. 다람쥐들이 움직이고 있다는 표지다. 그의 눈이 참다람쥐를 쫓아가는 동안 내가 물었다. 문학이 현실과 시인의 인식 태도, 여러 가지 언어적 요소, 정서적 정황 등에 따라 다르게 생산되는 것은 당연한 일인데 굳이 방정식이 필요할 것 같지 않았다. $L=\alpha hp$가 내포하고 있는 의미가 무엇일까? 그가 말한다;만약 일정한 공간과 한정된 시간 안의 문학의 총 에너지를 계산할 수 있다고 가정한다면, 그 값이 얼마든 간에 일정한 수치로 고정이 됩니다. L의 값이 일정하다면, 두 개의 변수 h와 p는 반비례하게 되지요. 즉, 현실의 무게가 커지면 시인의 개성은 줄어들고, 시인의 독창성이 강해지면 사실성은 약해지거나 왜곡되어 나타날 것입니다. 그것은 양적인 문제가 아니라 질적인 차원, 즉 현실이 시적으로 변용하는 성격의 문제와 관련이 있습니다. 현실은 직접적으로 문면에 나타날 수도 있고, 간접적인 형태로 왜곡되거나 화해와 초월의 방식으로 녹아들 수도 있지 않습니까? 정확한 측정과 객관적인 경계 긋기는 어렵겠지만, 상대적인 차별화는 가능할 겁니다.

가령, 1980년대 한국사회라는 특정한 시공간의 문학을 생각해봅시다. 두 가지 중요한 시적 경향이 있었지요. 하나는 민중시 P_r 다른 하나는 해체시 P_m이라고 부릅시다. 민중시는 현실을 직접적으로 수용하는 양식이지요. 노동해방/분단극복이라는 현실적 문제가 시적 현실로 전이되면서 훨씬 더 예각화하는 모습을 보여줍니다. "적과 아를 확연히 갈라내어 묶"는 동시에 "전선에 선 동지들을 한 대오로 묶"(박노해, 「머리띠를 묶으며」)는 민중시는 현실에 대한 두 가지 태도를 보여주는데, 하나는 적대적 현실이 주체의 의지와는 상관없이 지금/여기 엄연히 존재한다는 사실에 대한 확인과 인정이며, 다른 하나는 그러한 현실을 극복하고 새로운 미래를 건설하기 위한 단절과 부정입니다. 이런 경우, '적'이 되기로 결심하지 않는 한 다른 선택이 있을 수 없겠지요. "군화발과 최루탄, 피비린내나는 강제진압"(노동자공동창작시, 「그러나 끝내 우리는」)에 저항하며, "죽을 수는 있어도 물러설 수는 없다"(백무산, 「동트는 미포만의 새벽을 딛고」)고 노래하는 와중에 다른 목소리를 낼 수 있겠습니까? 물론, 시인에 따라 다소 차이는 있지만(그것마저 없다면 굳이 시인의 이름을 밝힐 이유가 없겠죠.), 그것은 집단성을 드러내는 방법상의 차이일 뿐이지요. 집단적 현실을 중시한다는 점은 변함이 없습니다. $L = \alpha hp$에서 h는 무한대로 치닫고 p는 영으로 수렴되는 이런 상황을 뒷받침하기 위해 창작주체론, 집단창작론, 장르확산론 등의 이론을 도입하고 현실화하지 않았습니까? 이러한 이론의 틀을 그대로 뒤따라간 홍희담의 소설 「깃발」의 한 부분을 보면 보다 분명해집니다.

> 그래서 그녀들은 작은 책자를 만들었다. 시도 있었고, 수기, 고향으로 보내는 편지, 수필 등등이 실렸다. 형자의 의견으로 이름을 모두 떼었다.
>
> "이름을 떼고 읽어봐. 모두가 우리들 글 같잖아."
>
> 정말 그랬다. 모두 각자가 쓴 것 같았다. 하나하나 읽을 때는 잘 드러나지 않는데 전체적으로 읽고 나면 치밀어오르는 것이 있었다. 개인의 불만들이 합쳐져서 집단의 분노가 표현되었다.
>
> —『창작과비평』, 복간 제1호, 1988.

현실의 모든 세목들은 노동해방/분단극복이라는 강

력한 하나의 현실로 응축되기 때문에 민중시의 시인들은 당파성을 벗어나 자신을 드러낼 수 없었다거나, 시적 새로움은 미시적 국면에서 가까스로 유지될 뿐이었다는 결론은 이미 밝혀진 바와 비슷하지만, 그것을 방정식으로 나타내자 이상한 결과가 나온 것이다. 현실이 강하게 표현될수록 상대적으로 시인의 개성은 약해진다는 것. 정말 현실이 직접적으로 투사되는 강도와 시인의 개성은 반비례하는 것일까? 물론 그런 경우도 있겠지만, 현실과 시인의 정서는 상호 상승작용을 한다는 것이 더 바람직하지 않겠는가? 박노해나 백무산의 시가 집단적 성격을 강하게 드러낸 것은 사실이지만, 그렇다고 그들을 개성 없는 시인이라고 할 수 있겠는가?

그는 해체시도 같은 방정식에 대입했다. 그러나 현실의 성격을 다르게 해석하였다. 해체시는 응축되는 현실이 아니라 확산되는 현실을 드러낸다는 것이다. 그것은 교묘한 깊이와 전방위적 넓이를 지니고 있어서 시인이 만날 수 있는 현실은 언제나 한 조각 파편에 불과하다. "타이어 조각들과/못들, 유리 부스러기와 페인트 껍질들"(이하석, 「폐차장」) 같은, 문명이 쏟아내는 광물질의 파편들이 시의 출발점이다. 그 무수한 파편들이 뿜어내는 "인류의 엔트로피적 발광"(주종환,

「백화점 왕국」)의 본질을 보여주기 위해 안간힘을 쓰지만, 시인은 그것이 소용없는 일임을 이미 알고 있다. 자본의 논리, 자본의 세계제국은 관념적으로 이해한다고 달라질 무엇이 아닌 것. 응축되는 현실은 무게중심이 있지만, 확산되는 현실은 제어할 수단이 없는 것. 결과적으로 드러난 모든 시적 현실은 절망/허무의 그림자일 뿐이며, 괴물 같은 현실을 조롱하고 야유하며 처부수기 위해 직조된 거짓 현실일 따름이다. 현실은 극심하게 뒤틀리고 고의적으로 왜곡된다. 민중시에서처럼 외부로부터 주어지는 객관적/절대적 현실이 아니라, 내부에서 주관적으로 변형한 것만이 시적 현실로 존재한다. 한 마디로 그것은 헛것이다. 시적 주체의 욕망과 자학, 허무와 절망으로 뭉쳐진 허구가 끝없이 허공으로 확산되어 간다. 그 헛것으로 자본의 벽에 온몸을 부딪쳐 보지만, 좌절은 이미 예정된 일. 절망의 무게가 커질수록 현실은 더 철저히 부숴져야 하고, 그 방법적 전략으로 끊임없는 새로움의 추구가 선택된다. 그리하여 시인의 개성이 현실을 압도해버린다. 황지우, 박남철, 김영승이 그 극단을 보여주는데, 그들은 서로 간에도 전혀 같지 않다. 서로 새롭다. 이질성으로 존재한다는 사실만이 이들의 동질성인 셈이다.

하지만, 현실을 극단적으로 변용하였다고 해서 그것

이 약해지거나 사라졌다고 할 수 있겠는가? 일부 작품들은 현실과는 전혀 다른 가상 공간, 순수한 상상의 시공간을 설정하거나 자연과 유년으로 떠나기도 하지만, 그것은 현실을 보다 핍진하게 드러내기 위한 방법적 전략이고, 독자도 현대인의 절망적 상황을 더 강하게 느낄 수 있지 않은가? 어쨌든 그는 내 생각과는 상관없이 나뭇가지를 주워 눈 위에다 세 개의 방정식을 썼다. $P_r = \alpha h_{i\to\infty} p_{i\to\infty}$와 $P_m = \alpha h_{i\to 0} p_{i\to\infty}$, $P_t = \alpha h_0 + {}_i p_{\infty - i}$가 그것이다. 응축되는 현실의 중력이 무한대로 커지고 확산되는 현실이 시적으로 무화하는, 앞의 두 방정식은 보았던 바와 같다. 그런데, 세번째 방정식은 뭡니까? 그건 전통적 서정시의 역학입니다. 0으로 수렴되거나 ∞로 확산되지 않고 일정한 위치를 점하고 있다는 뜻이죠. 하지만, 해체시가 비관적 세계인식과 그로테스크한 일탈에도 불구하고 근본적으로 현실과의 치열한 싸움터에 있었다고 본다면, 전통적 서정시가 오히려 삶의 현실에서 가장 멀리 떨어져 있는 것 아닙니까? 그렇죠, 게다가 전통적 서정시도 현실과 밀착하는 경우가 있고 초월해버리는 작품이 있지요. 그런데 중요한 건 그것이 아니라, 한 작품에서 시적 현실이 거의 움직임이 없는, 어느 한 쪽으로 수렴/확산되는 과정이 아니라 시인에 의해 일정하게 고정된 형태를 띤다는 점입니다.

「황조가」 이래 이땅의 서정시는 대체로 제한된 시공간의 인간을 보여주었죠. 옛시가들을 보면 이러한 사실이 분명해집니다. 「황조가」도 그렇고 「구지가」, 「헌화가」, 「처용가」 등 대부분 옛시가들이 특정한 사건/정황을 설화의 형태로 거느리고 그 안에서 비로소 일차적 해석이 가능하지 않습니까? 「하여가」와 「단심가」, 한우와 임제의 시조들에서 서정적 자아가 연출하는 특수한 국면을 제외한다면 훨씬 빈약한 텍스트가 되겠지요. 현대시는 대부분 창작상의 과정이 드러나지 않아서(감추는 것을 미덕으로 여기는 경우도 있고) 감지하기가 어려울 뿐 근본적인 원리는 마찬가지 아닐까요? "파도야 어쩌란 말이냐"하고 외쳐보지만 현실은 "뭍같이 까딱"(유치환, 「그리움」)도 않고 서정적 자아의 별리도 어김없이 지속됩니다. 전통적 서정시는 이렇게 변하지 않는 특정한 개별적 상황에서 출발합니다. 그것을 인간의 보편적 정서로 읽는 것은 이후의 해석상 문제지요.

반면, 민중시와 해체시의 현실은 개인의 심리적/정서적 공간과 상관없이 선험적으로 존재하기 때문에 특정한 정황을 가져오더라도 당대의 집단적/보편적 특성이 앞서서 개재하고, 더구나 변화의 개념을 포함하고 있지요. 민중시에서 자아는 도덕적/사회적으로 정의로운 양심이기 때문에 변해야 할 것은 세계/현실이고, 해체시에서는 현실과 자아가 다 오염되어 있기 때문에 둘 다 극복의 대상이지요. 그것이 불가능한 게 탈이지만. 그러나, 전통적 서정시에서 현실의 변화는 자아를 통해서, 자아 안에서만 가능합니다. 현실은 고정되어 있으니 변해야 할 것은 자아밖에 없지요. 흔히 말하는 '세계의 자아화'란 이런 의미가 아닐까요? 만약, 세계가 끊임없이 변하고 있다면, 안 그래도 힘없는 자아가 쫓아가면서까지 붙들어 자아화할 여유가 있겠습니까? 그래서 전통적 서정시에서는 서정적 자아가 처음부터 현실의 범위를 특수한 국면에 제한하면서 고정된 형태로 묶어놓고 시작하는 것이지요. 그래야 울든 웃든 자아가 마음대로 할 수 있지 않습니까?

2. 불상유통(不相流通)의 시대

그리고, 며칠이 지났다. 날씨는 따뜻했고 눈은 녹아, 참다람쥐 식구들은 히말라야시다와 잣나무 씨앗을 먹으며 겨울을 지낼 것이다. 나는 방 밖을 나가지 않았다. 그의 방정식을 정리하며 그것이 의미하는 바가 무엇인지 곰곰이 생각했다. 그것이 수학적 해의 추구가 아니고 문학적 관계망의 표현이라면, 1990년대엔 어떤 방정식이 가능할까? 아마도 그라면 두번째 방정식 $P_m = \alpha h_{i \to 0} p_{i \to \infty}$만으로 이 시대를 해석하려 할지 모르겠다. 그것은 "詩가 꿈꿀/고향은 없다. 자연조차 없다./…/자본의 가속도에 브레이크 걸어줄 민중도 없다"(서림, 「오존주의보가 내려도—유토피아 없이 사는 법 1」)는 현실적 변화에 부합할 뿐 아니라, 1990년대 시의 몇 가지 주요 특징, "20세기말의 핏빛 일몰"(박남철, 「자본에 살어리랏다」)에서 흘러드는 비관적 세계관, 새로움에 대한 끝없는 갈증, 방법적 차별화에서 기인하는 소통불능을 내포하고 있으며, 무엇보다 다양성의 근원을 제시하고 있기 때문이다. 이 방정식에 따르면, 1990년대의 다양성은 현실이 시적 변용 과정에서 격심하게 뒤틀리고 주체의 인식이 예각화하는 데 따른 필연적인 결과다.

그러나, 나는 다르게 생각하고 있었다. 내가 보기에 1980년대 시의 핵심은 단절과 열정이었다. 부당한 시대와의 단절을 통하여 새로운 세계를 형성하려는 열망, 그것이 1980년대를 '시의 시대'로 이끈 동력이 아닐까. 그래서 1980년대가 끝나자 시인은 "만장에 박수갈채 날아오르던/열창의 시대는 갔다"(김정환,「熱唱」)며 한 시대의 종언을 선포한 것. 민중시든 해체시든 시대와의 투쟁, 기성 현실과의 전면전이라는 당대의 흐름에서 크게 벗어나지 않았다. 물론, 둘 사이에는 엄연한 차이가 있는데, 그것은 현실인식의 태도와 문체의 성격에 근거를 둔 종개념에서의 단절이다. 그 아래로 다시 민중시는 내용에 따라, 해체시는 표현 기법에 따라 하위 개념의 분파를 거느린다. 1980년대에는 이렇게 체계적인 단절이 있었고, 단절의 거리에 비례하여 긴장도도 증가하였다. 긴장은 열정을 낳고, 열정은 다시 단절을 강화하였다. 단절이란 곧 자기 확립의 표지였던 것. 세종대왕이 "異乎中國, 不相流通"을 말할 때, 그것은 단순히 부정적 현실에 대한 인식에 그치는 것이 아니라, 단절의 의지를 강화하며 우리 것을 중심으로 새로운 세계를 꿈꾸는 일이었다. 새로운 세계는 부당한 기존의 현실과 단절하는 데서 비로소 배태하는 것.

내가 1990년대 시를 그와 다르게 보는 지점은 바로 단절의 성격에 있다. 1980년대의 단절에는 체계가 있었지만, 1990년대의 단절은 다양한 층위에서 동시다발적으로 이루어지기 때문에 높낮이와 경계를 가르는 것이 거의 불가능하다. 민중시와 해체시의 역할이 약화한 것은 사실이지만, 1990년대가 전통적 서정시의 후손들로 들끓는 것도 아니다. 오히려 모든 경향들이 복잡하게 뒤얽히면서 내면화하였다. 그래서 민중시의 입장에 가까운 "씨레기 잡탕"(최영철,「소재유감」)론이 나오고, 해체적 경향의 "비빔밥 시론"(이승훈, 『나는 사랑한다』)도 등장한다. 1980년대에는 시에 이르는 길이 3차원적 공간에 한정되어 있었지만, 1990년대에는 그것이 다차원적 시공간으로 확대된 셈이다. 정신주의, 우주공동체, 욕망과 일상성, 신(新)리얼리즘, 포스트 모더니즘, 페미니즘, 문명비판, 생태주의, 메타성과 패러디, 통신문학, 하이퍼텍스트 등 대립항도 아니고 같은 차원에 놓일 수도 없는 논리들이 겹쳐지고 밀어내는 자리가 1990년대다. 이것은 시에 이르는 방법론이 열린 체계가 아니라, 한 작품을 읽는 방법으로 다른 작품에는 이를 수 없는, 소통불능의 닫힌 체계임을 의미한다. 손에 뻔히 잡힐 듯한 이 시대를 온전히 포괄하여 해석하지 못하는 이유가 여기에 있는 것. 이론의 그물코에 걸리는 시편보다 빠져나가는 작품들이 훨씬 많은 때문이다. 내가 처음부터 방정식 같은 것을 탐탁치 않게 여긴 까닭도 이런 데 있다. 1990년대 시를 구성하는 변수는 종잡을 수 없을 정도로 많고, 그 위상의 차별화도 가능할 것 같지 않다. 그러니 방정식을 세우고 거시적으로 유형화하여 이 시대를 읽는 것은 별다른 의미가 없을 터. 미로는 미로로 읽자. 그것이 오히려 예상치 못한 높은 생산성을 기록할지도 모른다.

시인의 절대수가 증가하였다는 것도 문제가 될까? 1990년대에 4개 출판사에서 간행한 시집만도 300권이 넘는다. 양적으로 이미 비평의 한계가 규정될 수밖에 없는 숫자다. 물론 근본적인 문제는 다른 곳에 있다. 시인/시집의 존재 근거는 독창성이다. 그것이 없으면 시의 왕국에서 추방되거나 아류로 낙인이 찍히는 것은 당연하고도 자명한 일. 각 시편들은 존재 이유를 마련하기 위해 끝없이 새로움을 찾아나서야 한다. 그러나, 1980년대 민중시의 강렬함을, 해체시의 격정을 넘어서는 것은 쉬운 일이 아니다. "죽음에게 봉헌된"(남진우, 「새」) 시는 드물게 오는 법. 시라는 "이 미친 사랑의 제단"에 스스로를 눕히고 "숨죽인 영혼의 떨림판을 뒤흔들어주"(윤효, 「프로포즈」)길 기다리는 동안, 어느새 "시간은 염통처럼 썩어간다"(박정대, 「물질적 황홀 2-그 눈동자」). 새로움은 점차 고갈되고 시인들은 보다 미세한 부분까지 파고든다. 그러다 보니 이제 시가 현실과 길항하는 문제는 오히려 부수적인 것처럼 되어버렸다. 어느 시대든 한 편의 작품은 기존의 텍스트와 일정한 작용/반작용의 관련을 맺게 마련이지만, 1990년대만큼 다른 텍스트에 민감한 반응을 보인 적은 없었으리라. 심지어 기존의 텍스트가 새로운 작품을 낳고, 텍스트에 대한 시도 낯설지 않게 되었다. 다른 텍스트의 현실이 실제 현실을 압도하는 정황을 보여주는 작품들도 등장하기 시작하였다.

박남철의 비평시와 이승훈, 박상배의 메타시는 텍스트에 대한, 혹은 시라는 것에 대한 직접적인 반응을 드러내면서, 그러한 형식 자체가 새로운 길을 열어놓는다. 시가 시를 이야기하며 분방한 언어의 흐름으로 이어진다. 여기 비하면 유강희나 나희덕의 세계는 얼마나 고요로운가. 선명한 차별성이 붉고 푸르게 느껴진다. 하지만 이것은 스펙트럼의 양단을 보여줄 뿐이다. 그 사이에는 일곱 색깔 무지갯빛으로는 도저히 감당할 수 없는 다양한 색상들이 불연속적으로 배치되어 있다. 언어의 층위에서도 마찬가지. 유하의 "압구정동", 엄원태의 "소읍"이나 장옥관의 "낙동"처럼 구체적 현실을 지시하며 이미저리의 중심을 이루는 시어와, 장경린의 "利子", 노태맹의 "유리", 하재봉의 "발전소", 박상순의 "마라나"처럼 고도의 상징성과 풍자성을 동반하는 언어 사이의 거리는 엄청나지만, 일정한 차별성을 유지하며 그 사이에 놓이는 시편들의 급간을 결정하는 것은 거의 불가능하다. 더구나 시는 한두 단어로 이루어지는 게 아니니 여러 언어들이 결합하고 충돌하면서 이뤄내는 풍광은 훨씬 더 복잡한 양상을 띤다. 복잡하고 미묘한 만큼 체계적으로 정리할 수 있는 기준 설정은 점점 더 힘들어진다. 시공간의 모습도, "천년 전의 왕국/樓蘭"(이진명, 「逸話」)에서 "컴퓨터 시대라는 미개한 시대"(함민복, 「1988, 우리가 남긴 벽화에 대하여」)까지, 욕망의 몸인 "가죽 트렁크"(김언희, 「트렁크」)에서 "30만개의 별이 모인 구상성단"(문복주, 「번개를 타고」)까지 실로 광범위하게 나타난다. 이미저리, 의미망, 어조 등도 마찬가지 성격으로 이러한 목록에 추가될 수 있다.

각각의 요소들은 독립적으로 움직이는 게 아니라 복잡하게 뒤얽혀 한 편의 시를 구성하기 때문에 시에 이르는 비밀의 문이 어디에 있는지 찾기 어려운 경우가 허다하다. 그것이 "네 겹의 텍스트"(김혜순, 「네 겹의 텍스트 안으로 들어가기」)인지, "뚜껑 위에 또 하나의 단단한 뚜껑을 눌러"(성미정, 「모자를 쓴 너」)쓴 형국인지 판단하기 어렵다. 물론, 아주 쉽게 접근할 수 있는 작품도 있지만, 이제는 그런 작품조차 무슨 복선이 깔린 듯하여 쉽게 읽히는 게 오히려 불안하다. "밤송이들이, 쩍 벌어져 있다"(이윤학, 「밤나무」)는데 밤송이가 생각나지 않는다. "야성을 연마하려고 돼지국밥을 먹으러 간다"(최영철, 「야성은 빛나다」)는 행을 문자 그대로 읽기가 겁이 난다. 작품이 발하는 정서적 흐름에 감응하는 것이 아니라 소통의 단절이 앞서니 제대로 이해가 되지 않는다.

더구나 존재론적/실존적 의미망을 중시하던 그간의 관행은 이미지의 덩어리들로 이루어진 작품을 그 자체로 이해하고 풀어놓는 일을 어렵도록 해왔다. 의미보다 이미지를 중시하는 작품은 갈수록 늘어나는데 그것을 설명할 체계적인 방법은 마련되지 않고, 외국의 이론들은 끊임없이 밀려들어 어느 것이 우리의 상황과 맞는지, 알맞게 변용할 수 있는지 점검할 여유도 없이 사용되고/버려지고 있다. 이러한 문제들이 뚜렷한 방향성 없이 상호작용하여 1990년대를 소통불능의 시대로 만든 것 같다. 시와 시인, 시인과 현실, 현실과 작품, 작품과 독자 사이에 너무 많은 층위가 놓여 있어서 소통의 길이 단절된 것이다. 이러한 단절은 1980년대의 의도적/집단적 단절과는 그 성격이 근본적으로 다르다. 열정을 샘솟게 하는 것이 아니라, 불안과 절망을 가중시키는 단절이다. 한 권의 시집은 일관성과 독창성의 벽돌로 쌓아올린 견고한 성채지만, "지나치게 많은 저 생각들/낭비하고 낭비하여 궁색해진 저 생각들"(김상미, 「생각 바이러스」)로 인하여, 각각의 성채가 견고해질수록 외려 전반적인 흐름은 불안하고 가난해 보이는 역설적 상황에 처해 있는 것이 1990년대 시의 운명인지도 모른다.

여기까지 쓰고 있는데, 한 잡지의 부록으로 장경기의 영상시집 『夢想의 피』가 도착한다. 이제 미디어도 시의 일부다. 아니, 시는 미디어의 일부다. 비디오를 켜자 "시인이 죽었다"(「어느 시인의 죽음」)는 목소리가 먼저 흘러나온다. 시인이 죽고, 비로소 시가 시작된다? 그렇다면, 독자가 죽고 비로소 시읽기가 시작되어야 할까? 그가 마지막으로 한 말이 생각난다;수많은 가정들이 상상력이란 이름으로 모여 있는 게 시 아닙니까? 과학의 입장에서 볼 때, 가정이란 언젠가 증명을 통하여 참과 거짓으로 구분되게 마련이지요. 물론, 선생님 말씀대로 시라는 텍스트의 질량은 고정되어 있지 않습니다. 독자에 따라, 역사적 상황에 따라, 혹은 그보다 훨씬 더 미미한 조건으로도 질량이 달라질 수 있지요. 시집은 그대로 있는데 열역학 제1법칙이 파괴되는 겁니다. 시는 언제나 블랙홀의 특이점 안에 있는 셈이지요. 특이점 안에서는 모든 법칙이 깨어집니다. 어떤 설명도 의미가 없지요. 우리가 앞에서 이야기한 방정식도 전체 질량이 고정되어 있다는 전제에서 나왔으니, 전제가 부정된 지금 보면 부질없는 것이지요. 하지만, 보세요. 그래도 시는 설명되고 있고, 앞으로도 그렇지 않겠습니까?

고전 물리학에서 벗어나 카오스 쪽으로 가봅시다. 한 작품/시집이 가지고 있는 언어의 수는 한정되어 있습니다. 언어의 지시적/비지시적 의미와 비유적/상징적 이미지도 그 언어를 떠나서 나올 수는 없겠죠. 시는 그것을 구성하는 언어의 한계를 벗어나 다른 언어가 구성하는 곳에 존재할 수 없다는 말인데—아주 분명한 예를 들면, 『노동의 새벽』(박노해)을 『반성』(김영승) 처럼 읽을 수 없고, 그 역도 역시 마찬가지죠.—이것은 텍스트의 해석을 아무리 다양하게 한다 하더라도 결국 작품의 질량은 일정한 범위를 갖는다는 뜻입니다. 여러 가지 변인에 따라 읽을 수 있는 방법은 무한하지만, 그것은 일정한 범위를 넘어서지 않는 무한이죠. 작품에 따라 범위의 크기가 다르고 읽을 수 있는 방법의 수도 다르겠지만, 무한한 듯 보이는 그 편차도 제한되어 있다는 것입니다. 불규칙한 규칙성을 보여주며 나비 날개를 벗어나지 않는 로렌츠 어트렉터나 무한대의 테두리로 이루어졌지만 제한된 면적을 갖는 코흐곡선처럼 말이죠.

멀리 있는 예를 들 것도 없습니다. 저 다람쥐들 보세요. 지금 여기에는 284그루의 히말라야시다가 있지요. 그 중 씨앗을 맺어 다람쥐를 먹이는 게 188그루입니다. 지난 해보다 올해 방울이 적게 달렸죠? 다람쥐 수도 줄었습니다. 먹이의 양은 항상 변하지만 다람쥐들은 용케 그것을 예측해서 새끼를 낳고 기릅니다. 지금 여기는 밤나무, 잣나무, 전나무, 떡갈나무 등도 수백 그루 있으니 변수가 많지만, 어쨌든 히말라야시다가 아무리 씨를 많이 맺어도, 또 아무리 방울이 적게 달려도 일정한 한계 안에 있고, 거기에 따라 다람쥐 수도 적절하게 유지되고 있는 겁니다. 히말라야시다라는 언어가 다람쥐라는 정서를 일정한 범주 안에 수준에 묶어두는 셈이지요.

3. 동기감응(同氣感應)을 향하여

그는 1990년대 시를 거의 읽지 않았지만, 지형도가 보이지 않는다는 내 불평에 이론적으로 반론을 편 셈이다. 그것은, 전체를 통찰할 수 있는 합리적인 길—그는 "과학이 확실성을 의미할 필요도 없고, 확률이 무지를 뜻하지도 않는 새로운 합리주의"(일리야 프리고진, 『확실성의 종말』)를 인용했다.—은 있게 마련이란 뜻이며, 곧 내가 말한 '불상유통'을 부정하는 것이었다. 물론 나는 거기에 동의하지 않았다. 나는 1990년대 시를 어느 정도 읽었고, 그 결과 '전체를 통찰' 할 필요성이 있는지 의심스러웠기 때문이다. 하긴, '파편

화한 다양성'이나 '불상유통'이 전체적 통찰이라면 통찰이다. 어쨌든 결과적으로 그는 끝까지 객관성을 고집했고, 나는 주관성으로 기울었던 셈이다. 나는 비평적 논리를 넘어 비평적 서정을 창출하려 했고, 그는 완벽한 방정식을 세우고자 했던 것. 우리는 개인적으로 가까이 지냈지만, 사유의 거리는 결코 좁혀질 수 없을 만큼 멀어 보였다.

그런데, 히말라야시다와 다람쥐 이야기가 내 마음을 흔들었다. 비록 논리를 위한 은유지만, 아마도 이것은 그가 한 유일한 서정적 이야기일 것이다. 나만 그렇게 느꼈는지도 모르겠다. 어쨌든 나는 마음을 바꾸었다. 1980년대를 단절과 열정의 시대로 읽었듯이 1990년대도 간명한 범주를 가정하여 읽기로 작정하였다. 먼저, "죽음을 받아들이는 힘으로/푸른 햇살 아래 밀어내놓는 신생(新生)의 꿈들!"(고진하, 「흰줄표범나비, 죽음을 받아들이는 힘으로」)에서 '죽음'과 '신생'을 가져온다. 1990년대를, 죽음/소멸의 시대며, 동시에 생명/부활의 시대로 보려는 것. 물론 죽음이나 신생이 새삼스러운 용어는 아니다. 죽음과 신생의 논리는 그리스도 이전부터 있지 않았을까. 이 세기말을 죽음의 시대로 보는 것도 이미 잘 알려진 1990년대 시의 중요한 한 측면이다. 새 생명의 샘을 찾아 자연으로 흘러드는 작품들도 그에 못지 않게 많다. 그렇지만, 비록 남루한 용어이긴 하나, 개별 작품과 특정 유형을 설명하는 데 그치지 않고, 1990년대 전체를 읽는 대표적 범주로 삼으려 한다.

1980년대에도 죽음이 있었던가? 있었다. 투사/열사의 죽음이. 전태일에서 시작된 이 비극적 죽음은 미래의 희망을 이끌어오는 역설적 의미망의 죽음이다. 고은이 그들의 비장한 죽음을 모두 기록했다. 전혀 다른 죽음도 있었다. 이하석의 「나른한 현장」, 「교통사고」는 죽음을 통하여 급격히 사물화(事物化)하는, 살아서도 이미 사물인 인간 존재를 보여준다. "젠장, 신, 세, 조졌군, 하고/운전수가 투덜거릴 때, 그의 구두는 황급히/하수구로 뛰어들고, 그의 반짝이는/단추들이 사방으로 흩어"진다. 인간은 구두/단추와 마찬가지로 사물에 불과하다. 삭막한 죽음이다. 그것은 현대인의 메마른 일상을 표상한다. 그 이전에는 어땠는가? 조병화의 초월이 있고, 김소월의 체념이 있고, 「제망매가」의 종교적 승화, 「공무도하가」의 가슴아픈 광기가 있다.

이에 비해, 1990년대의 죽음은 처참하다. 현실적 죽음이 아니라 상징적 의미의 죽음이기 때문에 오히려 더 처절하다. "두개골은 깨어지고/가슴은 온통 갈라"져 "변기통 쇠줄에 목을"(이연주, 「매맞는 자들의 고도」) 매는, "때아닌 고통이 창문을 열어젖히고/터진 천정으로 쏟아지는 죽음"(채호기, 「죽음」). "맞아 죽은 개가 되고 싶다"(최승자, 「세기말」)는, "죽어서도 도시를 멀리 떠나 있지 못하는"(오정국, 「모래무덤」), 섬 한 "세기말의 밤"을 "산송장이 넘실거린다"(남진우, 「공포 영화와 함께 이 밤을」). 이것을 의역하면, 죽음은 '절망/고통/자학/무의미/부조리'와 동의어. 그것은 결핍/욕망/자본에서 배태된 것. 결국 죽음은 현실과의 격렬한 불화를 드러내는 최후 방편인 셈인데, 그것을 노래하는 주체도 부조리한 현실에 오염된 존재니 스스로도 파괴의 대상으로 추락한다. 그래서 시인들은 끝없이 몸을 토막내고 짓누르고 일그러뜨린다. "육시처참의 나는"(김언희, 「백합, 백합, 백합」), "유린당할수록 즐거"(박서원, 「환락가」)운 나는, 바로 철저히 부숴버리고 싶은 이 세계/현실 자체다. 이런 자학은 격렬한 야유로, 눈물나는 풍자로, 정교한 비판으로, 욕망의 탐닉으로 얼굴을 바꾸기도 한다. 죽음의 그림자는 "오픈카를 타고/…/똥꼬치마 입은 계집애"(하재봉, 「오픈카를 타고」)를 희롱하는 순간에도 어김없이 뒤따라간다. 현대문명을 제재로 한 시들은 대부분 이러한 죽음의 양식을 변용하고 있다.

이렇게 읽으니 죽음의 시는 너무나 강렬하고 광범위

하게 널려 있어서 1990년대를 온통 검붉은 핏빛으로 물들여놓는 것 같다. 그러나, 겨울이 가면 봄이 온다는 것은 문학/삶의 원형적 심상이다. 죽음은 재생을 예비한다. 죽음은 삶의 다른 이름이다. 온통 죽음으로 뒤덮인 시집에도 "아득한,/빛"(남진우, 「매혈자의 꿈」)이 새어나온다. "고통이 얼마나 짙푸른 두엄이었는지/…/버려진 시들이 움찔움찔 피어나"고 "버섯 같은 꿈들이 튼튼한 지붕을"(이경림, 「이제 닫을 시간」) 이룬다. "죽었다가 다시 살아나는 것이 어디 봄풀뿐이랴/…/허물벗고 몸 빠져나가는 사람도 더러 있다"(박기동, 「再活 6—다시 살아나기를」). 죽음은 새로운 생명을 잉태할 뿐 아니라 곧바로 삶과 뒤엉킨다. 송재학의 「그가 내 얼굴을 만지네」는 언어의 미세한 흐름으로 죽음과 삶이 뒤얽히고 자리를 바꾸는 섬세한 정서적 경로를 보여준다. 우리의 굿판은 죽은 자와 산 자의 만남을 눈앞에 펼쳐놓는다. 풍수지리는 죽음이 삶과 얽혀 있다는 인식을 전형적으로 보여주는데, 그 핵심 사상은 동기감응(同氣感應)으로 요약할 수 있다. 나와 같은 기(氣)를 가진 조상은 죽어서도 나와 교감하며 삶에 간여하고 있다는 것. 이렇게, 죽음은 삶의 완전한 소멸/끝이 아니라, "羊水에 감싸여 출렁이는 봉분"(장옥관, 「봄밤」)처럼 신생/부활을 품고 있는 새로운 출발점이라는 인식은 요즘 시인들만의 것이 아니라 그 자체가 우리 민족의 오랜 전통이 아닐까.

기가 같으면, 또는 기를 맞추면 감응이 이루어진다는 것은 생활 속에서도 흔히 겪는 일. 남의 나라 얘기지만, 그것을 과학적으로 풀었던 사람도 있다. 거짓말 탐지기 전문가 백스터(Cleve Backster)는 "식물과 그 보호자 간에는 거리에 상관없이 서로 특별한 교감이나 친근감이 현성된다."는 사실을 밝혀냈다. 한 실험은 무려 1,120㎞나 떨어진 곳에서 이루어졌는데도 반응이 나타났다고 한다. 이 엄청난 동기감응의 위력! 그는 일련의 실험과 관찰을 통하여 이러한 교감이 "분자나 원자 혹은 그보다 더 아래 단계의 것들까지도 해당되는 듯하다."고 추정하고 있다(피터 톰킨스 외, 『식물의 정신세계』). 우리는 수천 년 전부터 이러한 사실을 알고 있지 않았던가. "操弓打河水 魚鼈騈首尾 屹然成橋梯 始乃得渡矣"(이규보, 「동명왕편」). 이것을 단지 신이한 한 토막 이야기로 돌린다면 우리에게 남을 문화적/정신적 유산이 얼마나 되겠는가. 주몽 앞에 놓인 강은 시련/단절의 표상이고 그것을 해소해주는 물고기들은 천명(天命)의 표지지만, 그것은 동시에 자연과의 소통이 가능했던 당대의 일반적인 인식 태도를 보여주는 것이리라. 문명에 길들지 않은 당대인들에게

는 "문맹의 최초의"(정진규, 「아름다운 지구」) 자연과 '감응' 할 수 있는 '동기' 가 있었던 것. 그것이 인간 사회의 발달과 함께 다양한 형태로 변하면서 시와 이야기 속에 그 흔적을 남겨온 것.

동기감응은 그러므로, 시원으로 돌아가는 길이며, 새로운 미래를 여는 원동력이다. 그것은 끊임없이 생명을 잉태하는 힘이다. 그로 하여 무수한 생명의 씨앗, 시들이 기지개를 켜고 일어선다. 죽음의 목소리가 너무 강하고 커서 제대로 느낄 수 없었던 생명의 합창소리 들린다. 나와 타인, 인간과 자연, 생물과 무생물이 불상유통의 벽을 허물고 교감하며 몸섞는 교성에 눈이 먼다(시각이야말로 자본의 가장 충직한 시녀가 아니던가). "죽음의 냄새"조차 "더없이 풋풋"(문인수, 「그리고 또 어떤 마을 앞에 서 있었네」)하고 향기롭게 다가든다. 마침내 "千佛山이/몸속에 들어와 앉"고, "맘속 수수밭이 환해진다"(천양희, 「마음의 수수밭」). 어둡고 일그러졌던 명사들의 얼굴이 훤히 밝아오고, 격심하게 뒤틀렸던 동사들도 편안하게 자리를 잡는다. 여기에는 특별한 설명이 필요없다. 설명/해석은 시에 이르기 위함인데, 생명의 시들에는 몸-마음이 그리로 흘러들면 그만이다. 시와, 시를 뚫고 그 존재에 이르러 감응할 올곧은 몸만 준비하면 되는 것. 그러면 저절로

"한가함과 한몸/천둥과 한몸/비와 한몸/뻐꾸기 소리와 한몸으로/나도 우주에 넘치"(정현종, 「여름날」)게 되리라.

플라타너스 그늘 아래 사람들이 지나간다
비바람과 추위를 나무처럼 견뎌온 사람들
볕과 땀과 피곤으로 나뭇등걸처럼 거칠어진 몸으로
한 그루 열 그루 백 그루 사람들이 지나간다
(중략)
비 갠 여름날 오후의 공단천변
플라타너스 그늘 아래
플라타너스가 걸어간다
— 백무산, 「플라타너스」 부분

플라타너스와 사람들은 다른 개체로 출발하지만 점차 동질적인 속성으로 뒤얽히고, 끝내 "사람"이라는 이름마저 버리며 플라타너스와 하나가 되는, 자연과 인간이 가장 조화롭게 만나는, 그야말로 "원융이 되는"(백무산, 「감은사지」) 순간에 도달한다.

초록의 이름을 부르면 우리의 하루가 초록이 된다
친구여, 오늘만은 紅茶를 마시고

오동나무 잎새로는 다 가릴 수 없는
저 눈부신 햇볕의 거리에 서라

— 이기철, 「초록을 노래하라」 부분

자연에서 이기철은 언제나 당당하다. 자연스럽고 유려하게 몸을 섞는다. "通俗 세상"까지 받아들이는 여유가 있다. 그러나, 누구나 언제든지 동기감응에 도달할 수 있는 것은 아니다. 때로 인간의 교만이 '동기'를 놓치고 덤벼들어 '감응'에 실패하는 참담함을 보이기도 한다.

글씨를 모르는 대낮이 마당까지 기어나온 칡덩쿨과 칡순들과 한 그루 배롱나무의 붉은 꽃잎들과 그들의 혀들과 맨살로 몸 부비고 있다가 글씨를 아는 내가 모자까지 쓰고 거기에 이르자 화들짝 놀라 한 줄금 소나기로 몸을 가리고 여름 숲속으로 숨어들었다 매우 빨랐으나 뺑소니라는 말은 가당치 않았다 상스러웠다 그런 말엔 寂滅寶宮이 없었다

들킨 건 나였다 이르지 못했다 未遂에 그쳤다

— 정진규, 「未遂」 전문

「未遂」는 드나들기의 실패를 전형적으로 보여준다.

"글씨를 모르는"/"글씨를 아는", "맨살로 몸 부비고"/"모자까지 쓰고" 대립되는 상황에서 동기감응이 불가능한 것은 자명한 이치. 정진규의 「알詩」들은 많은 경우 자연과 하나가 되는 장면을 보여주는데, 이 작품은 오히려 실패로서 동기감응의 핵심을 선명하게 드러낸다. 송재학은 "꽃나무에 달린 열매가 내 몸을 지나면서 붉어졌지만 예정된 일, 언젠가 나도 팔 벌리고 머리통을 열매로 내놓으리라"(「마애불」)며 윤회의 이미지를 가져온다. 동기감응이 거시적인 시간의 흐름으로 모습을 바꾼 것. 송종규는 역사상의 특정한 시간대를 현재와 뒤얽는 새로운 변주를 보여준다. "수만 개의 나뭇잎을 매달고 있는 가문비나무 숲속에 들어가면/아, 하고 바스러지는/수만 컷의 시간이 겹쳐져 있다"(송종규, 「흑백 필름」)고 노래할 때, 수만의 시간들이 겹쳐지는 지점은 그 시간을 따르는 무수한 목숨이며 사물들이 한꺼번에 몰려와 교감하는 자리가 된다. 서림은 이천 년을 거슬러 청도와 이서국이라는 "끝도 시작도 없"(「청도 그리고 伊西國」)는 공간을 하나로 묶어 "청도 사람에게…세상을 보는 거울"(「청도장—이서국 한복판으로 들어가는 입구」)을 제공하였다. 동기감응은 시간적/공간적으로 급속히 확대된다.

또한, 시인들은 하나의 흐름에만 머무르지 않는다.

격렬함이 고요를 낳고, 고요의 배후에는 격렬함이 있다는 것을 이미 알고 있다. 죽음의 시는 생명을 향하고 있으며, 생명의 시는 죽음을 거쳐 이루어진다. 오랜 시간을 "폐차장"에서 보낸 광물주의자 이하석은 처음부터 "밀양강"이며 "지리산"을 마음 깊이 품고 있었다("수줍게 쇠들을 물로 달래는 보랏빛 달개비꽃"-「폐차장 2」). "梨田碧海" 압구정동 영화사회학자 유하도 "정글어가는 하나대"(「정글어가는 하나대를 바라보며」)를 잊지 못했고, "세속도시"의 최승호도 "반딧불 보호구역"을 "꿈의 힘"(「누에」)으로 읽었으며, 송재학은 "붉은빛" 격랑을 넘어서서야 "푸른빛" 고요에 닿았고, 고진하는 "껍질만으로도 눈부신"(「껍질만으로 눈부시다, 후투티」) 박제된 시간을 견딤으로써 "황홀한 부패가/깊고 고요히 진행되는"(「사천」) 사천의 "고즈넉한 시간"(「청띠신선나비의 시간」)에 이를 수 있었던 것. 울산의 노동전사 백무산도 이제 "모든 것이 모든 것에 순응하는 지휘계통", "생명의 풀무질"(「인간의 시간」)을 노래하고, 노동자 무장항쟁을 주창했던 박노해도 "새로운 탄생", "참된 시작"(「그해 겨울나무」)을 이 시대 민중시의 화두로 던졌다. 닫힌 세계의 벽에 끝없이 몸을 부딪치는 페미니즘도 기러운 "한솥밥 궁전"(신현림, 「한솥밥 궁전으로 당신을 초대한다」)에 이르려는 '여성의 몸' 찾기인 것. "똥"통

같은 자본의 시대를 통렬하게 풍자한 차창룡도 쟁기질을 통하여 "황소/아버지/지렁이/굼벵이, 보습날에 묻어오는 뼛조각"까지 신명으로 통합하는 모습(「쟁기질 1」)을 보여준다. 자본의 제국을 끈질기게 비판해온 함민복도 그런 작업이 "끝내 심장을 포갤 수 없는/우리 선천성 그리움"(「선천성 그리움」) 때문이었음을 고백한다. "집요한, 주검의/구애를"(「모과」) 저며놓은 김언희의 욕망의 트렁크도 "사람이 그리워/주둥이가 질질 끌리는 봄날"(「춘궁」)의 자궁에서 잉태하였으며, 처참한 몸의 "파괴공법"(「매맞는 자들의 고도」)에 목숨을 바친 이연주도 "양성을 버린 동성, 한,/몸으로의 환생"(「우리라는 합성어로의 환생」)을 꿈꾸며 피안의 세계로 떠나갔다.

이러한 상보적 이율배반이 융화/화엄/태극으로 가고 있는 도정인지, 어떤 시들은 벌써 거기에 이르렀는지, 아니면 전혀 다른 무엇인지 짧은 안목이 다다를 수 없는 높이여서 함부로 말할 수는 없지만, 어쨌든 펼쳐놓고 보니 분명한 것은, 자연을 노래하는 서정시만 동기감응의 대열에 있는 것이 아니라는 사실이다. 신생/동기감응을 향한 열망은 1990년대 시의 흐름에 생각보다 훨씬 큰 영향을 미치고 있는 것 같다. 죽음/불상유통의 시들도 결국 "선천성 그리움"을 배후에 깔고 있다면, 신생의 꿈은 우리 시대를 특징짓는 가장 중요한 요소라 할 수 있다. 오히려 시인들은 죽음의 격정에서 신생의 비밀을 읽는 모양이다. 안드레이 타르코프스키가 아니라, 압바스 키아로스타미가 아니라, 다수의 시인들이 왕가위에 시의 촉수를 들이대는 것도, 피비린내나는 모랫바람의 절망 속에서도 기어이 피어오르는 복사꽃 사랑을 향해 온몸을 던지는 존재의 비극을 통하여 신생의 문을 열려는 열망 때문이리라.

이렇게, 시의 위기/죽음에 대한 무수한 우려와 논란에도 불구하고, 우리의 1990년대는 마르지 않는 희망의 샘에서 신생을 길어올리고 있었던 것. 이 시대 시인들은 "어둠의 구멍 그 너머에 부활이 있다는 믿음을 굳게 붙잡"(문복주, 「화이트홀」)고 있었던 것. ―웬 터무니없는 결론? 일반적으로 생각해온 복잡다양한 1990년대의 시적 지형도와 뭔가 어긋난 게 아닌가? 어디서 삐끗했을까? 이제 돌아갈 길도 멀어졌으니, 다시 그를 찾아가야겠다. 그가 없으면, 그를 가르친 두 부자(夫子) 히말라야시다에게, 참다람쥐에게 직접 물어야겠다. 그들의 말을 알아듣도록, 불혹을 갓 지난 내 귀도 순하게 열릴까.

김양헌/1957년 경북 영천에서 태어나 2008년 7월 3일 타계하다. 영남대학교 국어국문학과, 동 대학원을 졸업. 1995년 『세계의 문학』으로 등단하고, 평론집 『푸줏간의 물고기』, 『이 해골이 니 해골이니』를 출간하다. 고석규비평문학상을 받았다.

| 책 뒤에 |

시오리 20년의 알리바이

박 진 형

1

80년대 후반, 대구 문학판에 얼굴을 내민 오리(처음엔 오리였으나 자연스레 시오리로 불렸다)는 이단과 반역의 앙팡테리블이었다. 어떤 담론의 생산도, 어떤 문학적 포즈나 입장도 표명하지 않았다. 그러나 그림과 음악, 퍼포먼스 등 인접예술과 소통하면서 문학의 본질적 실천에 충실하고자 하였다.

시오리는 한마디로 자유 방임이다. 어떤 강제나, 어떤 구속도 없다. 에꼴의 동인이 아닌 자유로운 시회(詩會)이다. 되는 것도 없고 안되는 것도 없다. 그러나 어떤 문제가 생기면 하나로 결집되는 강한 표면 장력을 지녔다.

시오리는 문학지나 메스컴에 공식적으로 얼굴을 드러낸 적이 없다. 은밀하게, 그러나 알만한 사람들은 다 안다. 그간 우리는 여러 차례 시와 그림전을 열었고, 너뎃 권의 『시오리』란 이름으로 소식지도 펴냈다. 제대로 된

선집은 내지 않았다. 문단 정치에 대한 혐의를 받기 싫어서였다. 보수적인 대구 문단 풍토 속에서 우리는 선망과 질시의 대상이 되기에 충분하였기 때문이다.

20년이 지난 지금 우리는 비로소 자선집 『오리 시집』을 묶는다. 우리가 걸어온 스무 해의 흔적과 공과를 스스로에게 묻는다. 그간 내부에서 불꽃 튀기는 문학적 격론을 펼쳤고, 때론 다른 견해로 관계가 소원해지기도 했지만 서로 격려하고 부축한 20년이 끈끈한 인간적 유대로 묶여져 왔다.

2

시오리는 1988년 12월 이하석 시인을 필두로 문인수, 김선굉, 서대현, 〈오늘의 시〉 동인(송재학, 장옥관, 박진형, 엄원태)이 모였다. 뒤이어 이동순, 문무학, 박기섭, 조기현 시인이 가세한다.

스타디 그룹으로 한 달에 두 번씩 정기적으로 모였다. 한 시간 남짓 발제와 토론이 끝나면 심심파적 일탈과 한담을 즐겼다. 뒷풀이 잡기로 바둑패와 고스톱패로 나뉘어 혈기왕성한 모임은 날밤을 지샌다. 그러면서 저 시인이 어떤 시를 써고 있는가, 어떤 책을 읽으며 어떤 생각을 하고 있는가를 곁눈질하고 탐색하면서 서로에게 문학적 에너지를 충전받았다.

김선굉 시인이 『현대시학』(1991년 2월)에 「오리」를 발표하였다. 그 전문을 보자.

아버지는 내게 물으셨다. 노는 게 그리 즐거우냐고. 강변 매운탕집의 젖은 뒤뜰을 걷고 있는 오리 떼. 가만히 보니 저들은 어색한 부리와 갈퀴의 발을 가졌다. 대문을 넘나들면서, 마루와 축대를 오르내리며, 숨가쁘게 뛰놀던 내 어린 모습이 저리 어색했던 모양이다. 아버지는 이윽고 묻지 않으셨다. 가만히 바라보시거나 무심히 눈을 거두시며, 저만치 마루의 한 끝에 앉아 계셨다. 오리는 젖은 뒤뜰을 뒤뚱거리며, 합죽한 주황색 부리를 모가지 끝에 달고, 고개를 아래 위로 주억거리거나, 부리를 날갯죽지 깊숙이 쳐박으며, 몇 발짝 안을 맴돌고 있었다. 아버지는 서른에 일본의 후쿠오카현 광산 근처의 작은 함바에서 일흔여 명의 한국인 인부를 거느린 오야가다였다. 긴상,이었다. 아버지는 거기서 오리를 보셨을까. 일본 오리가 고개를 주억거리며, 뒤뚱거리며, 오하이오 고자이마쓰. 그런데 어떻게 허리를 다치셨을까. 국방색 모포 위로 한 판의 화투가 완성되어 가고, 말은 고도리를 할 것 같다. 매화나무 가지에 앉은 새가 오롯이 그의 손 안에 앉아 있다. 갈퀴 대신에 엑티브 상표의 운동화를 신고, 뒤뚱거리며 강변 나루터 근처 식당에 와서, 나는 메기의 깊은 살점을 뜯고 있다. 아버지는 스물세 해 전, 그 해 여름의 무더위 속으로 가셨다. 지금은 칠월의 저물 무렵. 푸른 낙동강을 지척에 두고, 오리란 놈들은 그 위에 둥둥 몸 띄울 줄 모른다. 아버지, 죽음이란 어쩌면 푸른 강물 위에 몸 둥둥 띄우는 것일까요. 아니면 죽음이란 그만 끝인지. 아니면 새로운 길을 여는 일인지요. 주황색 바지에 흰 샤츠를 받쳐 입고서, 갈퀴 대신에 운동화를 꺾어신은 채, 뒤뚱거리며 오리 곁에 선 내 모양이 저 오리처럼 어색한지요. 집에서 사무실로, 다방으로, 서점으로, 술집으로. 어떤 때는 대구를 지나 부산까지, 구미를 지나 김천까지, 조치원까지 갔다가는 쓸쓸한 정처로 돌아온 일이 있다. 저 푸른 강물 위에 둥둥 몸 띄울 생각조차 않는 오리처럼 나는 어느 定處로 가게 될른지. 뒤뚱거리며, 고개를 주억거리며, 꽥꽥거리며 가고 있을지. 아버지는 어쩌다 허리를 다치셨을까. 오래 화투를 치면, 가장 먼저 무릎과 허리가 저려와서 우두둑 관절을 풀며 바라보는 오리 떼. 강가로 몰려갔다가는 푸른 물길에 소스라치며, 우루루 젖은 뒤뜰로 돌아오고 있다.

이 시를 발표하고 나서 모임은 '오리'라는 이름으로 바뀌었다. 오리는 여러 뜻을 지니고 있다. 오리(鴨), 오리

(五里), 오리(來) 등 해석이 분분하다.

대구시인협회가 대구문인협회장 선거 과정에서 출범했다면, 대구시협 총회(1991년 5월 31일)에서 소외된 회원 때문에 오리들은 반발하여 모두 탈퇴하는 결과를 낳는다. 그리하여 오리의 내부 결속은 더욱 공고해진다.

3

시오리는 총무 단일 체제이다. 회장도, 부회장도 재무도 없다. 시쳇말로 자율 규제이다. 총무 계보를 훑어보면 오지랖 넓은 한의사 서대현(1988~1989)이 초대총무이다. 뒤이어 박진형(1990), 김선굉(1991), 송재학(1992), 박기섭(1993~1994), 이정환(1995~1996. 9), 이유환(1996. 10~1997), 장하빈(1998~2000), 이종문(2001), 김호진(2002~2004), 김세진(2005), 김호진(2006), 서담(2007~현재)순으로 총무가 이어지고 있다.

공식적으로 고문이란 말을 사용한 적은 없지만 이하석, 이동순, 문인수, 문무학 시인은 연장자에 대한 예우로 감투에서 비켜나 뒷짐을 졌다.

4

시인은 詩오리, 화가는 畵오리로 통칭된다. 시인과 화

가가 어우러져 시와 그림전을 처음 연 것은 1992년부터이다. 시와 그림전의 명제는 이하석의 제안으로 '묶인 말과 풀린 색전'이란 이름을 달고 선을 보인다. 1회 시와 그림전(1992. 2. 26~3. 4)은 두빛갤러리에서 열렸다. 2회 시와 그림전(1993. 5. 6~5. 14)은 예지화랑, 3회 시와 그림전(1994. 6. 17~6. 24)은 갤러리 큐, 4회 시와 그림전(1995. 6. 19~6. 24)은 개관1주년기념 초대전으로 대우아트홀에서 열렸다.

시와 그림전은 기획 전시였다. 시인과 화가들은 수시로 만나 교분을 쌓았다. 시인은 그림을 보고 시를 쓰고, 화가는 시를 읽고 그림을 그려 전시장에 나란히 걸었다. 네 번째 묶인 말과 풀린 색전이 정점이었다. 문인수, 이구락, 이하석, 이동순, 문무학, 김선굉, 이유환, 박기섭, 박진형, 장옥관, 이정환, 송재학, 엄원태, 이종문, 서대현, 장지현, 조기현 등 시인들과 오세두, 이명재, 이수동, 이영철, 이규목, 김창태, 박철호, 권기철, 김성호, 이동엽, 홍창룡, 박종훈, 김서규, 박병구, 김영대, 남춘모 등 화가들이 대거 참여했다.

전시회를 끝내고 관광버스를 대절하여 포항 오어사와 동해안을 다녀왔던 기억이 생생하게 남아 있다. 아, 그리운 시절의 애틋한 이름들이여!

공교롭게도 시 · 화오리 전시를 하고 나면 다음 해에 어김없이 화랑은 문을 닫았다. 두빛갤러리(삼덕동), 예지화랑(삼덕동), 갤러리 큐(수성교 근처), 대우아트홀(영남일보 14층) 모두 그랬다. 기연이라면 기연이다. 텃세가 세었다나 어쨌다나.

5

공식적인 시 · 화오리의 시와 그림전은 네 번으로 그렇게 막을 내리고 만다. 그 뒤 간간히 소그룹 활동이 전개된다. 동원화랑에서 열린 도자기전이나 문인수석전이 그렇다. 또한 문인수, 김선굉, 박진형, 박기섭과 이규목, 홍창룡, 이영철, 권기철이 동원화랑에서 '사인사색전(1997. 12. 23 ~ 12. 27)'을 열었고, 사화집『머리를 구름에 밀어넣자』도 출간하였다.

또한 고령 박곡의 이규목 화실에서 화첩을 펼쳐놓고 놀던 모습을 연장하여 예송갤러리(2006. 5. 25~5. 31)에서 즉석 퍼포먼스를 펼쳐 '화첩 위에서 놀다전'을 열었다. 문인수, 이하석, 김선굉, 박기섭, 박진형, 이규목, 리홍재, 이영철, 박철호, 권기철 등이 일필휘지하며 기꺼워하다.

6

1999년 겨울에 소식지『시오리』창간호를 내었다. 신

국판, 36쪽의 얄팍한 책자이나 육필시와 권두시론, 신작시, 비평, 시화, 여행기, 리뷰, 동정란, 이영철 그림읽기 등을 짜임새있게 실어 호평을 받는다. 2호는 2000년 가을에, 3호는 2002년 여름에, 4호는 2003년 겨울에 내고 편집자가 더 이상 열의를 보이지 않았다.

책을 낸다는 것 자체도 힘들지만 출간된 책을 우송하고 돌려 읽히는 일 또한 번거로웠다. 소식지 『시오리』의 종언도 이와 같은 맥락일 터.

7

시 · 화오리 모임은 이규목 화가의 고령 화실과 이동순 시인의 용성집, 서대현 시인의 고령 농장에서 복사꽃제와 돼지고기 바베큐와 난초와 바둑 따위로 밤을 지새웠다.

이규목 화실은 연말 망년회의 단골집이다. 엽사 40년의 일급 포수인 화가가 잡아온 꿩과 오리, 고라니 고기로 보신하고는 스물여덟 시간 뜬눈으로 신기록을 세우며 묵은 해와 새해를 맞고 보내곤 하였다. 그러나 몇 년 전부터 꽃놀이판도 시들해져 이제 다들 밤이 새기 전에 귀가한다. 시간 앞에 장사 없다고 했던가.

시오리 멤버들의 여행벽 또한 유별나다. 초기에는 단체로 다녔으나 언젠가부터 소그룹으로 뿔뿔이 다녔다. 대구 인근에서부터 경주, 남해, 울진 소광리, 동강으로 끝없이 이어진다. 티벳, 중국, 몽고, 인도 등 해외여행에서 떠돈 행적이 고스란히 시집과 산문집 속에 보석알로 박혀 있다.

8

시오리 20년의 문학적 성과는 여기에서 논하지 않겠다. 회원들이 펴낸 시집과 산문집, 평론집, 학술서적 등은 어른 키를 훌쩍 넘겨 버렸다.

이하석 시인의 김수영문학상을 필두로 이하석, 송재학, 문인수, 장옥관, 엄원태로 김달진문학상은 이어졌고, 박기섭, 이정환 시인이 중앙시조대상을 받았다. 지난 해는 문인수 시인이 미당문학상을, 장옥관 시인이 일연문학상을, 엄원태 시인이 김달진문학상의 영예를 안았다. 바야흐로 시오리 시대의 서막을 열었다해도 과언은 아닐 것이다.

시집을 출간한 회원에게 주는 진상품(?)도 총무에 따라 다르다. 첫시집의 경우 기념패를 주었으나 연이은 시집 출간은 기념품으로 대체된다. 도서상품권과 기념품에서 비아그라까지 등장하는 변천사를 겪었다. 이것은 순전히 탑리 약사 김호진 때문이다. 아이고, 저 탑 속에 숨은 사내의 객기라니.

9

시오리와 화오리, 그리고 오늘의 시는 서로 맞물려 가는 수레바퀴처럼 함께 뒹굴면서 험난한 80,90년대를 건너 어느새 중늙은의 나이인 지금, 여기까지 와 있다. 인생이 지리멸렬할진데 문학은 어떤 불꽃을 품고 있어 아직 설레이게 하며 쉼없이 타오르는가.

송재학은 『오늘의 시 자선집』 말미에 "장옥관이 없었다면 송재학이 있을 수 있겠는가. 송재학이 없었다면 엄원태의 소읍의 미학이 있었겠는가. 엄원태가 없었다면 박진형의 몸의 시학이 있었겠는가. 박진형이 활동을 하지 않았다면 장옥관의 섬세함이 빛을 발했겠는가. 지역이라는 한계점 안팎에서 동인들은 한계의 임계성을 어느 정도 벗어나서 모두 나름대로의 시의 길을 걸었다."라고 적었다. 이 말은 시오리에게 적용해도 무리는 없을 것이다. 서로가 서로에게 삼투되면서 문학적 영역을 넓혀 왔으니까.

앤솔로지 『오리 시집』을 펴내며 시오리의 성과를 한마디로 말하기는 어렵다. 20년 동안 지속적으로 이어진 시회는 한국문학사 속에서도 그 유례를 찾아보기 힘든다. 김춘수 시인이 대구문학을 사막의 선인장에 비유한 적이 있다. 척박한 사막이 피워낸 선인장꽃은 그 어느 꽃보다 화려하다. 시오리 20년의 행적은 대구문학이 피워낸 선인장의 한 붉은 꽃망울일지도 모른다.

우리는 지금, 여기에 자족하지 않으리라. 자신에게 주어진 보폭대로 묵묵히 문학의 길을 걸어 갈 것이다. 생이 다하는 그 날까지.

오리 시집

초판 1쇄 인쇄 / 2008년 7월 5일
초판 2쇄 인쇄 / 2008년 7월 30일

지은이 / 이하석 외
펴낸이 / 박진환

펴낸 곳 / 만인사
등록번호 / 1996년 4월 20일 제03-01-306호
주소 / (우)700-813 대구광역시 중구 대봉2동 743-7
전화 / (053)422-0550
팩스 / (053)426-9543
홈페이지 / www.maninsa.co.kr

ISBN 978-89-88915-91-2 03810

값 8,000원